# 太行山下

▼上校退役時全家照。

▲結婚照。

▼次子維城自美回台探視時全家合影。

▲金婚／五十年結婚紀念。

▲長女全家福。

▲維城留美畢業照。

▲次女一家。

◀三女兒一家。

▶軍需學校畢業照。

◀六十年摯友共同留校服務後合影。左：徐應中，右：郭靖寰。

▼軍需學校畢業照。

▶結義友人五十年後於西安蓮城公園合照。

▲大陸全家照。

▲黃華讀書時舊地重遊。

◀與長子合影。

▲太行山峰一景。

▼太行山峽谷。

▲旅美時在肯塔基州林肯
總統老家前合影。

▲次子全家福之二。

▼維城全家福。

▶次子維城全家福之三。

◀次子維城與樂靈媳婦美國一家家族聖誕節聚餐。

▶次子的美國親家。

目次
CONTENTS

目次
CONTENTS

## 第二篇　孤蓬萬里

目次
CONTENTS

目次
CONTENTS

## 第三篇　海隅半世紀

## 第四篇　大陸探親

# 張序

摯友靖寰兄，我倆都是河南省林縣橫水鎮人，故鄉相距僅六華里，於二七年同時進入在合澗鎮新成立的林縣中學，後經戰亂，學校遷至豫西靈寶復學，我們又一齊輾轉到靈寶繼續學業，在高二階段，日軍又侵犯豫西，我們又分頭流亡至西安，因為離鄉背井，多無經濟支援，遂在卅三、四年暑期分別考入管吃住的軍需、軍醫學校，想不到畢業後都混到台灣來工作，光陰似箭，都已白髮退休，見面機會增多，時時聚首，他的國學基礎好，文筆通暢，早有打算把自己在戰亂中遭遇以及奮鬥歷程，詳細寫出，不僅自己可以勉惕，也可讓後輩們有所遵循努力向上，前幾天我同克儉鄉兄同到他家拜訪，已把寫好稿件分訂四冊多，讓我先閱，我攜歸後披閱，趣味昂然，前半段與我遭遇雷同，感同身受，遂在三天三晚抽暇讀完，其中值得一提的尚有下列幾點：

一、我們故鄉林縣（現已升格為林州市），位於太行山東麓四面環山，形勢險要，是縱跨河北、河南和山西中間太行山最美麗一段，其中山水秀美號稱太行大峽谷，目前已成為豫北重要觀光景點，在與日本作戰初期，日軍沿平漢線鐵路南下，林縣仍是一片乾淨土，日軍雖在南部拓展疆域，而未攻佔林縣，如同芒刺在背，非拔掉不可，因此聚集大軍，於卅一、二年進行兩次大規模掃蕩，偏遭四十軍一〇六師李振清堅強抵抗，戰況激烈，以簡單配備與配備優良且有空軍支援的日寇作殊死戰，雖有傷亡，但敵人損耗在數倍之上，發揮以寡敵眾精神，李師長因此而獲得李鐵頭之尊號，來台後曾被任為澎防司令，後升任為陸軍副總司令，郭兄描述二次激戰狀況不輸於行軍記者之描述。

二、林縣棄守後，林中到豫西靈寶復校，我們尚在高二肄業，得到消息後，每位學子都想到母校去完成學業，我們集合十餘人，由楊懷珍老師帶領，首次離開故鄉，繞道開封商邱，經界首漯河而到洛陽，到靈寶復學後，雖有書可讀，但每人補助不多，每日二飱都是一個黃麵饅頭，蘸辣椒粉當菜吃下，此時正是生長期，食慾旺盛，每天都在飢餓下硬熬過來，鍛鍊成堅強體魄，後來又經敵軍向西掃蕩，許多青年學子分頭紛紛跑至西安，幸賴政府早有準備，在北大街設有戰地學生招待站，南院門有青年失學輔導處，只要如實登記，即可能繼續讀書，以勉凍餒之苦，讀這一段令人想起政府對青年學生所費苦心。

三、我們流亡西安時，不時聚首，並以林縣富商在西安尚仁路開設之「集興成」商號為聯絡中心，在那裡巧遇第十三聯中（設在輝縣）校長徐翊中老師，徐老師原在第三區聯中（林縣聯中）教英文，為照顧青年學子，同意我們隨附該校畢業班就讀，並每人發予一紙臨時畢業証書，我亦由「衡湘」易名單字「斌」，載入證書上，三十四年暑假，許多軍事學校到西安招考新生，不花錢而可讀書，正是我們想去的地方，斯時靖寰兄已考入軍需學校，我想考軍醫學校（國防醫學院）以投入醫界服務，乃持臨時畢業證書，前往報考，倖被錄取，不勝欣慰。當時各戰時學校視環境適合否，不時搬遷，軍醫學校由西安而貴州、而上海，最後遷來台灣，如此這般，繞來繞去，終於完成心願，現在想來，如非一紙臨時畢業證書，我還無緣為一名醫師。

四、這冊書也是有完善遊記描述，因為戰亂，當時青年學生走了不少地方，他對我們出身林州市已有詳細記述，以及他由寶雞到四川沿途風光敘述不少，成都重慶描繪很多，勝利復原，他已由學校畢業，回京滬籌設經理、財務學校，放寬胸襟更可暢遊，沿長江出川對三峽、宜昌、武漢、南京、上海，各地風景美點，皆有著墨，所謂讀萬卷書行萬里路，才有曠達胸襟，在昇平時，青年學生很難有此機會。

五、郭兄自幼聰慧，他令尊尤注重啟蒙教育，當時幼年讀物如三字經、千字文、百家姓、弟子規等他都讀的滾瓜爛熟，並設法成立私塾，請飽學之士授讀四書五經、左傳、古文、幼學瓊林等讀物，因此紮下了深厚國學基礎，幼時飽讀詩書；成年後自能融會貫通，自然可以洋洋灑灑的作文論事，下筆千言，言之有物，目前教育對幼兒們百般呵護，不令讀書，升學不考作文，將來學子們對國學一竅不通，可慨也夫！

六、郭兄擁有美滿家庭，兩岸三地皆培育有功成名就子嗣侍奉，已非易事，尤其有一位賢慧夫人，更為難得，因為戰亂令許多青年學子被迫離開老家到後方讀書，畢業後，先入社會磨練，而後輾轉到台灣，等兩岸相通後，返鄉探親，靖寰大嫂治家有方而心地善良，對遺留大陸一子，閣外關注，甚至對晚輩生活及未來發展，皆有適當安排。至於在台子女，皆獲培育，分別完成大專學業，投入職場，亦有良好表現。其子赴美深造，先後獲得教育行政碩士及神學博士，目前在美肯特基當牧師。其配偶為修習教育行政碩士時之同學，雖係美籍，但家庭背景好，曾在台任教多年，對子女教育，極注重道德品性，頗富中國文化氣息。

總之，郭兄之書可讀性甚高。郭兄聰慧，在校讀書期間，輒名列前茅，任事以來，更受長官器重，自軍中轉職華視時，曾為華視公司設計一套完整會計制度，成就匪淺。

退休後，讀書寫作，偕同老伴，蒔花怡情，生活美滿，可以終身無憾矣。茲以其回憶錄行將付梓之際，特為之序。

陽明大學教授
河南省林州市
張 斌

二〇〇三年四月十一日

# 第一篇

# 洹溪橋畔

# 1 我所思兮在太行

「太行山下草青青，山村中的日子真太平，高山當城墻，青天當屋頂，麥棉千頃真茂盛，五穀雜糧出產豐，耕田織布都相宜，安居樂業夢不驚……」

上面這一段歌詞，是在對日抗戰期間，駐紮在太行山區的部隊、機關、學校每一個軍人、學生以及公務員、老百姓都能朗朗上口的一首歌曲。它不僅勾畫出太行山區的美麗畫面，鄉村景色；也同時提振了軍民合作同仇敵愾保鄉衛國堅忍不拔的情操。那兒的軍民，雖然處在日寇四週圍困，長期不獲援引的情況下，依然憑著熱血，與敵人周旋六個年頭，其壯烈、其悲慘、實非筆墨所能形容。筆者生於斯，長於斯，雖遭受近半世紀離亂；少小離家，老大猶不得歸，然而基於嚮往自由與人類尊嚴，且不甘被奴役之理念，含悲忍痛，堅守民主陣容，日復一日，年復一年，時有「我所思兮在太行，欲往從之道阻長」之無奈情懷，午夜夢回，故鄉景色，輒漸從心底湧現。

歷史所凝聚的苦難，時代加諸每一個人的軛，似乎還不到盡頭。回顧半個世紀，個人所走過的每一塊土地，以及顛躓頓圮的每一個足跡，歡樂少，痛苦多，人情冷暖，世態炎涼都無法從記憶中消除。「四十年來家國，三千里地山河」，翹首雲天，寧無浩嘆！故鄉泥土芬芳，人情濃郁，在本世紀中，曾扮演過重要角色。特別是太行山兩次會戰，曾造成抗日民族戰爭中悲壯慘烈可歌可泣的歷史一頁，不有以記，如何以慰在那裡奮勇犧牲的父老兄弟姊妹？

## *2* 幼年故鄉

我生長在太行主峰東麓的林縣，這地方偈促在豫北一個偏僻的角落裡，很不起眼，但在抗戰期間，卻風雲際會，經過兩次神聖會戰的洗禮，名噪一時。

林縣在夏以前，史無記載，周屬衛，詩經衛風竹竿篇：泉源在左，淇水在右，林縣據淇水上游，當為衛之西北境。春秋戰國時，先後屬衛、晉、及趙、魏。秦屬邯鄲郡。西漢置隆慮縣，東漢殤帝延平元年改名林慮，續漢書郡國志：林慮—故隆慮，殤帝改有鐵、徐廣曰洹水所生，蘇秦會（合）諸侯處；獻帝建安十七年，割屬魏郡，讀史方輿紀要：三國時林縣屬魏朝歌郡，晉時，地屬於前後趙、前燕、前秦、後燕。北魏時併林慮縣入鄴，其後復置林慮郡，隸相州東魏、北齊、後周、以迄隋唐五代及宋。幅員雖有增減，而名稱仍為林慮。金元兩代升為林州，屬河西北路彰德府。據金史地理所載：河西北路彰德府林慮縣貞佑三年，陞為林州，置元帥府。明洪武二年、降州為縣，屬河南布政司彰德府，清仍之，改河南省彰德府林縣。民國以來、地理名稱，均無更改。

我出生時，正值民國初建未久、國內軍閥割據，擾擾攘攘還沒有真正統一。從我能記事起，印象最深刻的，是隨母親住在姥姥（北方人稱外婆叫姥姥）家那段時光，姥姥家住在橫水鎮，距離我家僅有五里路程，門前面臨林縣直達安陽的通衢大道，常常過兵，先是北洋軍匆匆而過，後是南軍緊緊追趕，好像並沒有接火，也沒有聽到槍聲，祇有馬蹄噠噠，黃塵滾滾。後來才明白，在軍事術語上就是追擊。

姥姥家位於橫水鎮的最西端，沿大道東行約一公里，就是橫跨洹溪的十二孔石橋，這橋遠近馳名，相傳當初興建時，砌石至最後將完工時，有一缺口，各型石塊無論怎麼斫鑿，總不能妥切安放，後經一路過老人，略一指點，於焉完成。事後人們紛紛議論、說那位指點置石的老人，竟是魯班。這座橋另有一段有趣的小故事，很有噱頭：橫水橋十二孔橋眼只用六塊石頭就覆蓋好了，極言石頭之大，原來橋孔從右端數起，隨著地勢的起伏，越向右，橋孔愈小，到了第十二孔，橋孔寬度，祇有兩三公尺，六塊龐大的巨石，橫搭其上，居然成就了全橋，遂有此名。

洹水、發源於太行山東麓。據林縣志載：「縣境山脈，皆自太行東出，故河流亦隨山勢而東趨，在縣北者有洹水，出縣北隆慮山下，有五源：一、史家河—源出倚陽山，東至埋子莊東與雙泉合。二、雙泉—有二源故名雙泉，皆出魯班門東北，俗名埋子莊前後河，舊制謂一名靈巖水。三、葦泉—源出柳灘村西南，又名龍門崗河。四、大河頭水—源出大河頭村西，舊志以此水為洹水正源。五、黃水—上源來自華華谷（水經注源出黃華谷北崖雞翅洪）東北，流經逆河頭之新橋河。以上諸水，先後會於陵陽村西，統名洹水，亦名陵陽河（魏書地形誌林慮縣有陵陽河東流為洹）過陵陽橋，武平水自北來注，水出武平寺後，又東過趙村，繼東南流經橫水集，又東入安陽界。趙村以下，夏潦始有水，餘時則伏流地中，至安陽善應山而伏流復出，往安陽治北至內黃入於衛。這是洹河流域的梗概。另縣治北邊與涉縣交界處尚有漳水，其上游曰清漳及濁漳，發源於山西之沁縣。

在縣南者有淅水，源出山西陵川縣，東北經壺關、合蓮水、沾水，穿太行東流入林縣，東經棲霞關，雪光水自西北來注，又東經合澗集南、東流經三陽村，即名三陽河，流經小店後，容納了柏尖山康王廟前康王泉水，到達萬全山下，更有泉數十處、自山根湧出，聲震巖谷，再東流至河頭村，與洪水會合。至於縣南境之洪水，乃發源於輝縣，經臨淇集東流，經湯陰至淇縣入衛河。全縣水系，大致如此。但我對洹水，特別有一種親切感！無非對出生地的依戀。我在學齡前隨母親住在橫水姥姥家，大都是在暑天，故鄉習俗，農忙時節、所有婦女，都要下田幫助收割，陰曆五月收割小麥，八月間收割穀子，是一家總動員時節，祇有在三伏天，禾苗正在成長，婦女都不必下田幫忙，母親才有時間回娘家去享受一段時間的清福，同時趕做一家人的鞋底子。姥姥家宅第寬廣，四合頭院兩進而外，還有一個大的柴草院，後場（夏秋兩季的打穀場）邊有濃蔭蔽日的大樹十數棵，母親和舅媽表姐等、成夥坐在大槐樹下，一面納鞋底，一面享受徐徐而來的清風，雖在盛夏，而暑氣全無，真是一幅美麗的田園詩畫。我的幾位表兄，年紀都比我大許多，最大的兩位，一個叫元年，一個叫新元，都已經結了婚，但年齡都還沒有超過二十歲，精力旺盛，玩的興緻很高，每當午飯過後，大人們都要午睡歇晌，表哥們就會帶著我，直奔橋南坑—橫水橋南邊一個碩大的蓄水池—戲水。橋南坑形狀像一個炒菜鍋，蓄水清澈見底，不會游泳的，一頭栽下去，一準爬不起來。我的兩位表哥，都是游泳能手，躍入水中，就像浪裡白條，悠哉悠哉，快樂逍遙，我呢？衹會躲在橋眼下替他們看衣服。橋眼下青石鋪面，常年經水流沖刷，平滑如脂，這時正值旱季，趙村以下，河床一片乾涸，但輕風吹過橋眼，涼爽舒適，許多泳客游累了，都會躺在橋眼下，享受一陣痛痛快快的午眠。這一幅在橋眼下避暑的畫面，在我的童年生活中，刻下永不沫滅的記憶。

姥姥家原是當地大家，莊園廣濶，田地也多，外公雖然早逝，但舅父們弟兄三人，合力經營，家道依然興盛，倉有儲糧，廄有肥馬，家中僱有長工，平時照料牲畜草料，農忙時則率領成群短工，下田耕耨，好不熱鬧。可惜好景不常，當年軍閥混戰，遭受幾次兵燹後，家道中落，三舅父是家中唯一讀書的所謂知識份子，不幸染上了肺結核，夫婦兩人先後逝世。所遺一子一女，都在髫齡，大舅二舅又鬧著要分家，所以三房的兒女，就乏人照料，母親與死去的三舅，手足情深，所以就常去探望，好在我家距姥姥家僅五里路程，來往並不費力。姥姥年事漸高，雖有子孫輪流奉養，但已沒有以前那種老奶奶的氣派了。母親常往探望，一半也是對姥姥的一種慰藉，對姪兒姪女的一份關懷！不過我已很少有機緣隨來隨往，因為我已一天天長大，父親開始要我認字了。

# 3 入塾啟蒙

我六歲時開始在父親督促下學習認字。那時的教育方法，很保守，從《百家姓》、《三字經》作教本，每天和姊姊一道，由父親口授。姊弟二人朗讀背誦，完全是家庭作業，不必到學塾裡去，雖然那時村莊上已有塾館，但因我年齡尚幼，還不夠資格作為塾館的學生，我家位於橫水南邊的一個小村落，緊緊靠著山坡，全村百來戶人家，讀書人甚少，教育十分落後，雖然橫水鎮有個現代化小學，但是鄉村子弟，大多仍在鄉村沿用滿清時代那種教育方式，寒窻苦讀，以待進京趕考，追求功名。

我在小時，頗有一點小聰明，一年下來，居然把《百家姓》、《三字經》、讀了個滾瓜爛熟，次年我七歲開始，整裝上了私塾。其實所謂私塾，就是村內農家一所閑院，由村中稍具知識者，充得教師，村中父老各送其適齡學子，攜帶桌椅（方桌、長桌，各隨其便，極不規則）及書籍，像《百家姓》、《三字經》、《必須雜字》、《三字訓》、《千字文》等初年級學生習用，至於高年級學生，則讀四書，在我印象中，還無人讀完四書者（即論語、孟子、大學、中庸）。村人對子女（實際上不包括女兒，因為女子在一般習俗中是不讀書的）之最大期望，祇要能略通文墨，便已滿足，有力氣種田是農村男兒的天職，也是最大的願望，從來沒想到要靠知識來討生活，更沒知識報國的想法。至於那些欲供子孫讀書成大器者，千百戶中，不出一二，而且家中財富，沒有千頃萬石，也供不起子孫負笈城市的消耗，我們村莊，亦復如是。塾中教師，只是多讀了幾年書的青年，他的名字叫郭財寶，依輩分說，他是父親的族弟，所以學名永欽，與家父永康同係永字輩排行，不過已經很遠很遠了，並非近親。

我初次入塾，是由父親送去的，到學校第一件事，是向供在屋內中堂的孔夫子牌位，行作楫跪拜大禮，然後亦向老師作楫為禮，就被安置在一張方桌旁坐定。父親走後，老師開始教書，我的第一天課程，就是連續不斷背誦《百家姓》第一頁的前面四句：趙錢孫李、周吳鄭王、馮程褚衛、蔣沈韓楊。其實我對《百家姓》、《三字經》這兩本小書，早已背得滾瓜爛熟，現在為了與同齡學生更始，所以不得不從頭讀起，好在這種情形沒過多久，我就跳了級，開始讀較為複雜的其他識字小書，如《四言雜字》、《必須雜字》等書。半年下來，我已識得許多單字，概略估計，當已超過千字，所以當父親按照原來計劃、為我準備了《千字文》一書，讓我繼續識字，以便確實打好堅實的基礎時，都遭到我消極的抵抗，哭哭啼啼，就是不願意用心去背誦，四叔同情我，於是代為向父親說項，並為我代購了嶄新的《論語》讀本，親自送到學校，我於是正式從「子曰、學而時習之」一章一章的展開了較高級的背誦課程。但我在課餘之暇，仍然抽空把《千字文》一書，背誦完成，以遂父親心願。

塾師胸無多少點墨，對書中章句涵義不會講解，日維規定進度，讓學生高聲朗誦，第二天早晨，將所讀各章各節、背誦一遍、背的嫻熟的順利過關，背得生疏的難免遭到打手心的處罰。還好我不曾挨過老師的戒尺，所以一直視上學為樂事。族兄園林，大我一歲，與我同時入塾，卻因時遭塾師懲處，頻頻逃學，他爹拖著他送到學校，一到中午放學，他又賴在家裡不肯再來，就這樣反反覆覆鬧了好一陣子，才逐漸好轉。我們跟隨這位塾師讀了大約兩年，就因為他習染了阿芙蓉癖（吸鴉片），對課讀學子，日漸荒疏，家長們對他已失去信心，於是這第一所私塾也是我啟蒙的學校，於焉結束。

父親認為我的學業，不容荒廢，更不能中斷，第二年，乃毅然假我家南院，自設私塾。從讀學子，非常踴躍，惟全村學齡青年太多，一校容納不下，所以若干學生家長，另在村中北端增設一所私塾，並聘請鄰村一老者郜伯謙主持，但沒多久，便換了一位年齡較輕的老師趙敏修前來代替。趙敏修，小字趙八子，生得矮胖而說話詼諧，常到南院與父親聊天，他還喜歡繪畫，常以潑墨繪製一幅木炭贈繪父親，並書一破字對聯：

八刀分米粉，

千里重金鍾。

頗自引為得意事。當時我們都沒欣賞字畫能力，後來聽父親私下談及，趙師繪畫功力及書法，均尚未臻佳境，但在窮鄉僻壤，亦可聊作點綴而已！

父親課讀較嚴，學生課業，進展亦快，每天自晨至暮，常不得休息，同學皆引為苦事，但多位家長均感滿意。父親的學問功力，原亦不夠深厚，對學生也只課讀，不講解，但對我則否，每晚餐後，必命我在燈下溫習功課，並就論語作章句講解，惟不及深義，如「有朋自遠方來，不亦樂乎？」則直譯：「有朋友從遠方來，不是一件很快樂的事麼？」至於朋友來作什麼？又怎樣是一件快樂的事，則不再作進一步研討，雖然如此，但在我說起來，總比別的同學瞭解得深刻一些。父親則在課讀同時，手玩兩只圓而滑的鐵球，在院子裡踱來踱去，口裡背誦著中醫醫理的脈法、藥性，讚研淑世救人的歧黃醫術，真是教學相長的美好時光，如今想起來，仍覺得那是最溫馨的一段歲月。

# 4 查禁私塾教育形式漸變

就在我們一群莘莘學子，在靜謐平和的鄉村，朝夕課讀極為熱烈的時候，有一天突然來了幾個穿便服的陌生人，闖進我家南院，不分青紅皂白，便把我們正在朗讀的手中書本，一一搶了過去，說是區（鄉公所）裡的督學奉命查禁私塾的，就這樣，我們的學校停辦了。父親為此還被縣教育局找去問話，最後以罰款了事。事實上我村北頭與鄰近各村都有私塾，為什麼獨有父親主持的私塾遭受取締呢？原來村中幾位自命有聲望人士，不滿在學校成立前未先徵詢其意見，心有怨懟，遂教唆流氓往區公所檢舉，區公所遂派員取締、因為那個時候，縣內各鄉鎮都設立新式小學，但每區幅員遼濶，以橫水區為例，唯一的正式學校，設在橫水的東大寺，教室既少，轄區鄉村距校最遠者輒十至二十華里，山區交通不便，學生如何就讀？所以鄉村私塾，有其存在的必要性。但政府法令既如此規定，所以有人檢舉，區公所也就不得不派員取締了。像這種不合理、不實際的的措施，純樸的老百姓，實在無可奈何！後來在村中多人推動下，勉強成立了一個鄉村小學，但在校舍、師資、經費諸種條件極端缺乏的情形下，很快就夭折了。

第二年，父親再度提供了我家南院作校舍，敦聘鄰村下川極有名望而學識深厚的辛霈西先生，來校任教，辛先生是吾鄉望族之後，其尊翁辛向奎係前清秀才，課子綦嚴，辛霈西老師雖不曾接受新式教育，但十年寒窗，專攻文史，所以國學根基深厚，諸子百家，無不精通。從其讀書者，原祇我和堂兄圍林兩人，類似現在的家教，開學不久，鄰村秦家窑兩位同學秦林章、秦紹興要求借讀，同村若干學生家長，亦紛紛要求其子弟前來就讀，於是學生人數遽增至十數人。辛老師教學方式，講讀並重，大抵上午開講，下午課讀，第二天早飯前，要把昨天讀的書背一遍，再度開講時，要學生對昨日講授的回講，以測驗你學習的成效。沒有考試，等於天天考試，這種學習方式，真是踏實。沒有幾個月，同學們的學識，都有了長足進展。我在從父親讀書時，已將四書讀完，這時再次複習，而且接受講解，自覺茅塞頓開，尤其對《孟子》一書，特別體會深刻，雖然還不到豁然貫通的境地，但在腦海裡卻已留下不可磨滅的印象。辛老師對學生課讀活潑而不呆滯，我在當時一天讀好幾種書，詩經、幼學瓊林、史鑑節要、論說精華，每樣都讀若干節，進度自定，並寫入筆記（書程），然後根據你自寫筆記，一一測背，並不苛求，如此計日成功，在短短時間內，就奠定了文史學識基礎，如此連續兩年，我真有如沐春風之感！而且漸漸對書中滋味有一種特別的感受，我還不懂得「黃金屋」、「顏如玉」等等世俗的字眼，真覺得讀書是一種享受，從來沒有過的一種馨香，所以常常焚膏繼晷，努力不輟。父親看我讀書興濃，決心進一步支援我讀書，並且設法加強。於是在鄰村下川——辛霈西老師的家鄉，覓了一座閒院，邀集遠近二十里內凡欲供子弟讀書之鄉民，成立一所「伙房學堂」。每一學生由家長齎送米糧若干，集中到學校，然後僱一廚師為學生炊煮，所有學生均需住校攻讀，而且沒有假期。學生攻讀方式，仍為上午講書，下午練習書法及朗讀。夜間自習至深夜，每月逢二、八日（上旬為二日、八日、中旬為十二、十八日，下旬為廿二、廿八日）練習寫作，題目由老師命撰，學生可自由發揮，時間限一天，次日開講前，必須繳呈老師，然後由老師評閱、改正，並於下次作文前批交個人。當時就讀的同學不多，我村兩人為我及堂兄圍林，鄰村翟曲董成文，下川村常錫智、常錫文兩人，另距離較遠之梨園村兩人，南景色、葛木各一人，其中南景色之常天恩和葛木之郝懷章，都是在縣中讀過兩年之初中學生，但程度亦屬平平，因一般中小學，學科具多樣性，文史自非專屬。

當時抗戰已進入第二個年頭，從前線撤退下來的部隊，多麕於集平漢線鐵路兩側，乘間整補，我縣位於太行山東麓，交通不便，距平漢線鐵路約五十公里，山高林密，物產雖不豐饒，但居民大多殷實，稟性安貧樂道，很適合軍旅休養生息。城鎮常遭敵機轟炸，鄉間則正是秣馬厲兵的好所在。下川乃位於山隘出口的一個小平原，視線開濶，肉眼即可看到敵人之兵車轆轆，穿梭在安林（安陽到林縣）公路上，所以從東北節節撤退而來的第五十三軍萬福臨部的一個前哨連，就駐紮在村上，連長是一個年約三十歲的精壯青年，溫文儒雅、沒有一點驕橫的武士作風，常與辛老師往還。我們幾個學生，也常到他的連部拜訪，軍民相處，極為融洽，在他們移防他去時，我們還代表村民前往歡送。林縣地處偏僻，當二十世紀的文明瀰漫全球的時候，這一塊未開發的處女地，依然侷促在崇山峻嶺間，默默的過著平靜安詳的生活，可是蘆溝橋一聲槍響，這一塊世外桃源似的仙境，就開始接受戰火的洗禮而昂首濶步，理直氣壯的加入偉大的民族聖戰行列。

隨著戰局的發展，各機關學校，紛紛從前線向後撤遷。河北省政府、河南省第三區專員公署、安陽中學，先後隨著第二十四集團軍龐炳勛部、孫殿英部、分別駐在縣城以南合澗、臨淇、東姚。和城東的横水鎮四個鄉鎮，這一向寂寞荒涼的窮鄉僻壤，頓時沸騰了起來，部隊忙著佈防，百姓們忙著輸糧，不但把鄉村中最好的房屋騰出來供部隊居住，還把儲存下來的小麥、小米以及所有細的糧食，拿來供應部隊食用，自己則寧願以糠菜充飢，以響應政府「軍事第一」與「勝利第一」的偉大號召。這種古道熱腸的善良百姓，刻苦自己支援前線的義舉，一直到日本鬼子投降，才算告一段落。不過他們這種忘我的犧牲精神，並沒有得到適當的回報，反而招來以後更殘酷的惡運，真是始料未及。

戰爭似洪流衝擊著華北地區的各階層文化人，知識份子紛紛加入抗日行列，中央亦自後方派員來此組訓青年。為了避免敵人轟炸，組訓處所需要慎選，最後便選定太行山上的一個風景點黃華。黃華乃佛教聖地，有上下兩個寺院，上下兩寺相距約一華里，因下寺空屋較多，所以便作為組訓青年的基地。戰時物資缺乏，凡是參加受訓的青年，每人分發草綠色軍服一套、每天上課就是讀宣傳品，講述日本鬼子的殘暴，並分析戰局，所有學員來自各階層，有大學生，有中學生，知識程度較高者，多半擔任分組座談會中任指導，受訓期間一個月，結業後，願意在軍中擔任宣傳隊員者，即隨部隊到處演戲、演講、貼標語。不願者，亦可另行選擇其他工作，那時我們在鄉間讀書，對於這一具有戰鬥活力的青年營，極為嚮往，曾要求老師率領我們去參觀，很想就此加入，但因家長反對而作罷。

# 5 戰爭促我接受新式教育

民國二十八年（一九三九年）暑假以後，戰爭的烽火，已延著平漢線鐵路，越過黃河，燒遍了黃河平原，幾個較大的城市、像鄭州、開封、商邱、許昌、南陽這些通衢，先後均淪入敵手，祇有緊緊靠著太行山的林縣以及輝縣一部份，形成了一個堅強的游擊基地，西南直通山西省的陵川、晉城，與駐在中條山區的中央大軍連成一氣，戰局在華北暫時穩定下來。因為中央已確定長期抗戰的策略，所以不管前方後方，生聚教訓不可一日或輟，為解決華北地區的青年學子的學業，於是在林縣成立了河南省第三區行政督察專員區聯合中學，收容華北地區失學來的青年約三百餘人，假林縣合澗鎮會館開學上課，並招考初中一年級新生兩班、簡易師範生一班，高中一年級新生一班，我們原就讀私塾的學生，在辛老師帶領下，集體以同等學歷前往報考。第一批考取的除我以外，還有遠房堂兄園林（後改名郭宏英不幸死於青年軍中），次年留在私塾的部份同學，先後報考學校各年級，紛紛離校，私塾自動結束。

三區聯中首任校長馬誠禮先生，安陽人、學養不錯，聘請的老師，多係來自安陽的第十一中學，以及河南省立第二高中（即安陽高中），因受戰爭影響被迫解散而被遣散的老師，所以素質相當高，校址在合澗鎮西部之山西會館，校舍很簡陋，但還算寬潤。循高高的台階上去，有一個巍峨的大門，門內庭院用青石板鋪得極為平坦寬暢，院內兩旁，古柏參天，林蔭茂密，再前行則為一過道閣樓，通過閣樓正中，或繞道兩旁進入正院，當面為一U字型正廳，乃學校行政中心，兩旁各為一排房屋，可作教室，從U字型房舍兩旁邊門出去，左邊一院落有正廳，有廂房，正廳高一教室，右側為初一甲班教室，我即在這一班上課。左側廂，記憶似為學校事務部門辦公室。至於右側門出去，亦係一院落，有墻分割為前後兩部份，緊接U字樓有一排長屋為學生宿舍，跨過隔墻大門，係一廣場，正好充作操場，軍訓課程以及晨操活動，均在此地進行。學校雖無多少設備，但在戰區，距離日寇佔領要點安陽、新鄉，各不足百公里，而猶能弦歌不輟，也算是戰區學生最大的福份了。

## 6 學校生活點滴

在合澗會館就讀期間，印象最深刻的有兩件事情，其一是軍訓教官兩位皆姓王，一胖一瘦，胖的一位屬北方大漢，好像是主任。瘦的一位體型又小又黑，兩人年齡不相上下，同學戲以大王小王稱之，小王在一次軍訓課程中，聽到同學稱他小王教官，於是大發脾氣、怒道：「誰說我是小王？我年齡比他大的多呢！」引起同學一陣大笑。另一事是學期末了，學校舉行一次燈謎大會、熱鬧異常，教導主任吳先生出了一題，謎面係畫了一條腿，謎底打一書名，諸同學久猜不解，後同班同學張衡湘適巧讀過一本小說「一條腿」，於是一猜中的。還有一位老師，製作一謎面「十字路口四杆旗，東西南北四馬蹄，山中沒有中心樹，花下無人草亦稀」，打一字，此謎面似難實易，我拿一張紙，在紙上逐句比劃，居然得一「鬯」字，於是將謎面扯下，跑到教導處，領了兩支鉛筆獎品。這些雖是芝麻小事，但卻在腦海裡留下深刻印象。

學生宿舍、原來就擁擠、後來因安陽、汲縣、淇縣、湯陰各處遠道來的學生眾多，為對他們表示禮讓，本縣學生即將校內宿舍騰出，另在學校對面的一里處之鄉村，覓得空屋一所，作為宿舍，地名河南園、因其在淅河南岸而得名。淅河為林縣水系之一，發源於山西省陵川縣淅水村，在合澗鎮咀上村的西邊進入縣境，出河蕭溝後即進入合澗，我們學校面臨淅水，一河之隔即為河南園，淅河秋後即乾涸，有時因夏滂，初秋尚有涓涓細流，但鄉人以巨石每間隔兩尺，擺成一條引道，既不阻礙流水，又可便利通行，所以我們每晚自習後，即由小王隊長率領，踏著巨石引道回到宿舍就寢，次晨天剛矇矇亮，學生們又整隊過河到學校，按課作息。就這樣，我在初中第一個學期，平靜而歡樂的渡過。寒假返鄉，檢討一下學習經過，覺得充實不少，尤其是英文、數學兩科，在私塾裡從未接觸過，格外感到新鮮。

寒假在濃郁的新年氣氛中結束，農村過舊曆新年，熱鬧異常，在北方的習俗，不過了正月二十四日，新年還不算過完，在我的記憶裡，好像剛過了元宵節，學校就開學了，雖然捨不得離開溫馨的家庭，但也不能不按時到學校報到，那時交通不便，家鄉離合澗雖僅三十八華里，但是全靠步行，所以在晨餐後，附近村庄幾個同學，就結伴背負行囊開始上路，大約在中午一時，即可到達。在赴校途中要經過不少村庄，要經過一段崎嶇的山路，本來在新春初渡，氣溫還很低，因為我們各人都背負了自己的行裝，走起路來，依然滿身大汗，一點都感不到春寒料峭的滋味，到達合澗市區，在小飯館隨意吃些麵點，就直赴學校報到。

新學期開始，大家都有一番新鮮感！級任老師劉其中先生，林縣姚村鎮人，北大法律系畢業，為人誠懇，對學生管教甚嚴。第一次對學生訓話，就嚴肅的告誡同學，要認真學習，考試尤其不能落入同級別班同學之後，重視榮譽的心情，表現十分強烈，可惜這種情形，未能維持多久，就在一次軍事變亂中，遭到無情的摧殘！原來駐在河北省境太行山東麓的一支抗日部隊朱懷氷所率領的九十七軍，為八路軍追擊，沿林縣與合澗之公路，向南潰退，先頭部隊，在一天傍晚已逼近合澗，學校為顧及學生安全，入夜時分，由小王隊長率領，背負行李衣物，向東姚鎮方向撤離，黑夜無星月之光，隊伍行在路上，就像歐陽修在秋聲賦中所形容的「如赴敵之兵，銜枚疾走，不聞號令，但聞人馬之行聲」，大約午夜將過，路過鄉村「王街」，陸續前行則通向東姚，若左彎北行，便是我們家鄉橫水鎮，高中學長時文生、與橫水籍同學商量，到東姚不可能有地方上課，祇是臨時避難，我們與其到東姚避難，何如逕行返家舒適又安全，大家都覺得有理，於是向小王隊長報了備，我們一行十數人，便取道東北向的秦家坡村向家鄉進發。渠知秦家坡駐有部隊，我們還沒有接近村邊，持槍衛兵一聲吆喝「口令」？同時卡擦一聲推子彈上膛，嚇得我們有些慌了手腳，還是時文生比較鎮定，高聲答應「學生」。荷槍士兵再問：「那裡學生」？時答：「林中學生」。士兵端槍查看，察覺我們幾個徒手年輕學子，了無異狀，乃囑繞道村外經過，我們才得順利過關。原來林縣民團（縣政府屬下的自衛隊），為避免捲入兩軍紛爭，自動從公路緊鄰，撤到側翼之鄉村，對學生尚負有保護之責，自不會為難我們。

從秦家坡通往橫水的鄉道，係一條峽谷，道路崎嶇不平，尤其在黑夜視線不良，我們就在一腳深一腳淺的摸索中前進，途經棋梧、南峪等村，在黎明之前步出了峽谷，等到抵達自己所居的小村，已是日上三竿，左鄰右舍，正值早餐。家人看到我們甫於月前離家上學、匆匆不滿一月，怎麼又背著行李歸來，驚訝不已，問明原委才放下心來。鄉村資訊遲滯，對發生在十公里以外地區的變亂，祇要不聽到槍聲，大抵會工作如常，無所謂驚慌，平靜的農村，依然保持靜謐，遙望著太行山美麗的景色，啖食著粗糲的早餐，怡然自得。

## 7 弦歌在山巔水湄

春暖花開季節，農事尚少，我在鄉村悠閒的過了個把月逍遙生活，忽接學校通知，要我到太行山東麓的黃華去報到，原來此時抗戰正酣，敵機經常從安陽起飛，隨時對駐紮在河澗的軍政機關猛轟濫炸，學校為了學生的安全，乃擇定黃華的上下兩寺為校址，靠著深谷天險，恢復上課，黃華是太行山有名的風景區，同學們有幸在此讀書，自是興奮不已，何況這裡是避暑勝地，夏初氣溫尚如仲春，我們報到後，就住下寺，上課則在一公里多的上寺，每天上課，至少要從山下往返上山兩次，沿途高山深澗，路雖崎嶇，但並無勞累之感，因為在烽火漫天砲聲隆隆中，我校師生尚能安穩的上課，真是拜上天之賜，有這樣一處銅墻鐵壁的好天地，頗為難得。

黃華、乃太行山風景名勝之一，下寺面臨深澗，河床為整塊綠色玉石自然形成，山水沖刷上游之碎石流過嘩啦有聲，因而獲得一個極富詩意的雅號「鳴玉峽」，溪水從高山下瀉、至此分為兩股，一股沿溪谷奔流東下，一股沿人工所砌隄岸水道平緩舒流，隄岸隨地勢愈下愈高，乍看水向高流，故名「倒流水」，亦為黃華勝景之一。

清晨起床後，師生各就河水洗漱完畢，倚坐巨石旁、溝壑間，朗誦英語、國文。頓時山野林鳥鳴聲與讀書聲，交織成一片和諧。溯澗而上，有一小塊菜圃，為寺內主持和尚「法海」所開墾，站在田邊舉目仰望，巍峨山峰，有一塊巨石斜置峰頂，三面虛懸，中心僅一點支撐，宛如巨鳥展翅俯衝，此即黃華另一勝景「飛來石」。

全校師生活動範圍，雖僅限於上下兩寺，但山中景色，已使我們整個身心融入大自然懷抱，通體舒暢，尤其是日寇的狂轟濫炸，在此深山峻嶺中，無從施展其伎倆，反而使我們有一種遠離塵囂的清靜感，所以每站在山寺的大門口，俯瞰著山腰烏雲翻覆，雷鳴谷應，閃電交加、則令人驚心動魄，待雨過天晴，山下田疇縱橫，溝澮皆盈，而我們在山上，竟然還是烈日當空，青天罩頂，宛如置身仙境；唯一能使我們與現實貫通的，衹有那嘹亮的歌聲：

「紅日照遍了東方，自由之神在縱情歌唱。看吧！千山萬壑，銅壁鐵墻，抗日的烽火燃燒在太行山上、氣焰千萬丈；聽吧！母親叫兒子打東洋，妻子送郎上戰場。我們在太行山上，我們在太行山上，山高林又密，兵強馬又壯。敵人從那裡進攻，我們就要他在那裡滅亡，敵人從哪裡進攻，我們就要他在那裡滅亡！」

這一首歌是音樂老師呼天胤先生教唱的，不僅忠實的凸現出時代背境，更激勵每一個同學熱血沸騰，仇日恨日的情緒，發揮到最高點。高山帶給我們啟發，也帶給我們抗戰勝利無比的信心。黃華，在對日抗戰的偉大時代裡，將留給青年人不可抹滅的記憶。事實上，黃華在歷史上，也有它輝煌的一頁。據歷史記載，遠在金朝，學士王庭筠曾在這裡隱居，留下了很多不朽的詩文，我們所看到的是矗立在下寺的一方碑刻，據說就是王庭筠的親筆，其詩曰：「掛鏡台西掛玉龍，半山飛雪舞天風；寒雲直上三千丈，人道高歡避暑宮。」不但寫景，也記史實，原來北魏高歡曾在此駐蹕，後兵敗率軍退往石板岩更高之山間。這些歷史遺跡，驅使我們藉著假期、循山間小徑，爬山尋勝，就在上寺的二三里處，探得「掛鏡台」一塊巨石，面向懸崖之瀑布「珍珠簾」，巨石微微傾斜矗立，午後陽光直射，金光閃閃，令人不敢逼視，真像一面鏡子。貯立其上，舉目環視，四周山巒起伏，諸峰如筍，掛鏡台直前，懸崖百丈，荊棘叢生，嶺頭瀑布高懸，宛如蒼壁空中垂一白練，跌入谷底則如億萬顆珍珠，四散噴流，微粒自成雲霧，氤氳上浮，狀似寒雲，故名曰「珍珠簾」，誠如王庭筠所吟「寒雲直上三千丈」實景。簾後有洞，常年結冰，沿洞邊小路，走入簾後，一陣清涼，襲及全身，貯立稍久，則又凜冽如冬，真仙境也。

我們在黃華讀書，僅一學期，因山中潮濕，日曬時間短，衛生條件差，學生一律打地舖，被褥為潮氣浸潤，難得乾燥，老師縱有簡陋的木床，潮濕的空氣仍會侵蝕人的健康，許多師生都感染了一種全身紅點發高燒的病症，家鄉土話說是羊毛疔，類似傷寒，治療很困難，教務主任吳建勛先生因病較嚴重，派人抬送其家鄉安陽返家就醫途中，不幸去世，全校師生，不禁同聲一哭！

# 8 遷校大店

在青山綠水間讀書、在平時或在老年，原極瀟灑浪漫，但在一群年輕人的心中，為避敵鋒而遁跡山中、則是一件極不得已的事情，而況又發生如此損害師生健康的疑難雜症。當時抗戰已進入另一階段，在華北的日寇氣焰稍殺。轟炸太行山區，已無先前頻繁，學校衡酌現況，決定遷校，在縣境東南鄉下，尋尋覓覓，終於在淅河南岸，合澗鎮大店村，找到一個理想的校址。

原來在大店村的北頭有一個拱券，券上券下，各有一個四方型的院落，初為廟宇，現在神象已被打掉，各房舍相當寬濶，稍加修葺，便成理想的校舍，券上四間教室，高中即佔了三間，初中僅佔了一間，券下除教務處外、亦有兩班初中。另有簡師一班，則借用民宅上課，後來班次陸續增加，多覓民宅使用。至於學生宿舍，初住位於大店兩華里之南屯，後來與村民漸漸熟悉，亦有在當地覓得宿舍者。我曾住南屯村一個學期，每天晚自息後，由軍訓教官在村邊打穀場上，整隊回南屯就寢，在有月亮的晚上，大家踏著整齊的步伐，趁著月色還多少有些詩意，若在月黑風高的夜裡，祇聽到沙沙的腳步聲，便覺有一種神秘感，那時鄉村沒有電燈，回到寢室，每一間房子裡，僅有一盞煤油燈照明，還沒有來得及把棉被打理好，教官一聲哨子，「熄燈就寢」。同學們就乖乖的鑽進了被窩。次晨天還沒有大亮，教官就催促著起床，然後整隊返大店，仍在村邊打谷場實施晨操，跑步、喊口號，要半個小時才完。此時學生才能各自回到自己的伙食團，洗漱、早餐，然後準備上課。每天如此，每月如此，祇有在星期假日，起床可稍晚，也不出早操，但因為吃飯在大店村，所以沒有一個學生放棄晨餐，賴在床上睡大覺的，好在林縣聯中的學生，大部份都是當地人，出生農家，勤儉成性，再苦的生活，也能撐得下去。

第二年春天，學校班次再增多，戰區學生畢業時間，難期一致，為使學生學習時間相應銜接，增加招收春季班，我們秋季班的學生資格較老，學校同意可自由在大店村租借宿舍，南屯宿舍，乃由春季班接替。記得我班同學借住在大店村同學王全吉家柴草園窯洞裡（王全吉同學青年軍退伍後入河南大學，後來台在陸軍官校任教官，退伍後住在南部鳳山）。窯洞是併排兩間，冬暖夏涼，很適合居住，而且離教室很近，要省卻許多時間，數學老師郭綬青先生，也住在附近，那個時候，戰區買不到課本，要從郭老師僅有的一本數學課本拓印講義，發給全班同學，印刷方式，採用石印，須用油墨寫在臘紙上，教學校付印，郭老師選我擔任繕寫，所以我在每天下午下課後，即逕赴郭老師寓所繕寫兩張石墨紙再做功課，我個人的數學成績並不好，但老師所交代要做的習題，總會如實完成，所以數學成績，每學期都能順利過關。

林縣聯中，係以所在地命名，學生陣容則涵蓋黃河以北各縣市的失學青年，安陽、涉縣、湯陰、汲縣、淇縣等地學生也很多，祇是林縣學生佔多數而已。學校在大店安頓下來以後，原任校長馬誠禮已他調，由當時任豫北教育專員的趙質宸兼任校長，趙是涉縣人，所以安排其同鄉李隆任教務主任負責校務，不久就正式升任校長，李隆又安排其同鄉兼同學的劉仲簧擔任訓導主任，李劉兩人原係河南大學教育系的同屆同學，劉主任很幽默，當他擔任簡易師範班的導師時，曾對同學說，他跟校長李隆當時在河大教育系讀書時，每學期考試，兩人包辦了一、二名，當再問全系多少人時，他說全系就只有他們兩人，學生聞之，不禁哄堂大笑！

我們在大店穴居時（林縣很少窯洞，我們既住在併排而立的窯洞中遂戲稱穴居），曾經發生了一件很不尋常的火災，幸好洞內沒有什麼易燃物而發現得早，祇燒毀了一床棉被，算是不幸中的大幸。有一天下午，某同學於下課後回寢室取東西，一走進那個柴草園，就聞到一股燒棉花的焦味撲鼻而來，很覺奇怪，掀開洞門口的草簾（以稻草與細麻編織而成掛在窯洞大門上禦寒用），農煙自窯洞的裡間，一股股的冒出來，越來越大，他跑回教室，沒命的喊失火了，凡是住在那裡的同學，一窩蜂的跑去搶救，各人把各人的棉被搶救出來後，才發現起火點在一位史姓同學的棉被裡，幸而窯洞裡的氧氣不足，未釀巨災，即遭撲滅。至於怎麼樣會著火，就無法知道了。史同學是安陽人，棉被燒了，除自認倒霉外，似乎找不到申訴管道，但住在同一寢室的人，懷疑有人縱火，要求學校徹查，並且提供了史姓同學的人際關係。原來班上另一位同學與史素有嫌隙，日前曾有爭吵因而結怨。經學校指派專人深入查證，涉縣籍的江姓同學，最為可疑，不過他與前任兼校長趙質宸先生是同鄉，還有些親戚關係，所以處理起來相當棘手，但縱火之事，事非等閒，何況那時學校所在地，正是華北抗戰根據地，重兵駐紮之防地，距大店村三華里之三井村，即是第四十集團軍龐炳勳總部，該總部所轄之軍法處，就駐在一河之隔的小店，鄰近各村均駐有部隊。學校對此一事件，自然不敢率爾從事。不過也顧慮到江同學即將在次年暑假畢業，附近各縣市又無學校可轉，雖然能夠證實他犯了刑責，學校本於愛護青年之旨，又不能逼他走上絕路，經過將近一個月左右折騰，在江某坦承錯誤又誠心悔過，最後以其嚴重違犯校規，忍痛將他開除學籍，此一事件，才告平息。

# 9 戰地鐘聲

學校設立在戰區，周圍都駐紮了部隊。因此和軍隊就發生了極密切的關係。軍訓教官就是四十軍總部派來一位參謀擔任的，他是東北人，中央軍校畢業，階級不高，但年輕與學生尚能融洽相處，此外尚有部分軍官，偶爾來校作時事報告，遇到重大慶典，黨政軍教各界，都會集中在龐總部開會，全校師生有一次曾步行數公里到原康鄉集合，聆聽龐炳勳講話。龐是老西北軍的幹部，打仗尚有一套，可惜略輸文采，講話內容，多係自吹，特別強調他參加台兒莊戰役時輝煌戰績而夸夸其詞。不過同學們對他的講話，並無多少共鳴，但是學校能在四週敵人環伺之下，照常上課，仍應感謝駐軍的保護。此外，軍中有劇團的組織，有時在週末，附近駐軍常有康樂活動，林中同學可以免費看戲，在那時物質條件極端缺乏之下，讓同學有一發舒身心機會，仍屬有益。

大店西南數里小庄村，有一天主教堂，建築在平緩的小山上，四週石墻圍繞，形狀像古城墻，內部建築雖非富麗堂皇，唯頗富西洋建築古典之美。主持人是一位神父，他們每天作息都有定時，尤其晨昏悠揚的鐘聲，飄送方圓數十里，帶給當地居民一種和諧肅穆的氣氛。最初我們住在南屯村，距離教堂所在地約五六華里，目視可及。黎明的鐘聲驚醒好夢時，教官的起床哨音，也就跟著響起來了。不論春夏秋冬，我們都隨著鐘聲起舞，那種情調，至今猶令人深深的懷念。

## 10 學校教師陣容

設在戰區的學校，除了書籍不容易獲得外，教師來源也是一大困擾，待遇差，校址不確定，但學校遷來大店後，教師陣容即逐漸加強，原因是原設在通都大邑的各級學校相繼解散，很多教師原住都城附近，為避戰禍，所以紛紛內遷，來到太行山邊暫住，於是就成了學校敦聘的對象。尤其是原籍林縣的一些大學畢業生，多從北京、鄭州、安陽等地返家，也志願為桑梓盡一份力量，像數學郝貴德、生物魏韶華，歷史劉其中、趙九成，都是北大或清華的畢業生，學有專精，對同學呵護如自家兄弟。劉其中老師是縣北姚村鎮人，原是學法律的，傳說他後來擔任某軍之軍法處長，後即不知其下落。趙九成老師是北大歷史系畢業，東姚鎮人，治學態度嚴謹，教書尤其認真，戰地教科書缺乏，教學就靠老師自編講義，寫在黑板上供同學抄筆記，抄完後藉著一小段時間進行講解，然後擦掉黑板，續抄續講，如此抄、講反覆進行，一個鐘點下來，進度實在有限，而老師之疲勞艱苦，自可想像、趙老師獨能簡化史篇，將精華部份，有系統的，完整的教給同學，不曾說一聲苦，著實可敬可配。與趙老師同時在校教書者，尚有籍隸涉縣的兩位趙老師，與趙九成老師併稱三趙，同學們戲以其面部膚色，稱趙九成老師為黃老趙，面色泛紅的趙光魯為紅老趙，面部黝黑之趙潤身為黑老趙。紅老趙教理化，嗓門特別高，很有吸引力，強調某一項特點時，會讓同學留下不可磨滅的印象。例如他講到水的分子式$H_2O$時，三番兩次重複的說：「兩個體積的氫，加一個體積的氧，就構成了一個水。」成了同學們課餘模仿的怪腔怪調。及今思之，猶歷歷如在目前。黑老趙老師教公民，他是朝陽大學法律系畢業的，照課本上的內容講太平淡，引不起學生的興趣、常在課間插講一些小典故，比如講到霸王別姬時，他會讚譽虞姬的美，「增之一分則太長，減之一分則太短」。不但項羽看的過癮，任誰看了都難以自抑。講到項羽烏江自刎時吟出：「力拔山兮氣蓋世，時不利兮騅不逝，騅不逝兮可奈何？虞兮虞兮奈若河」。搖頭閉目，似乎有一種惜英雄的嘆息。每逢考試，同學們不免起哄，要老師提示重點，他則堅守原則，宣稱：「考試極其簡單，監考極其嚴，給分極其寬」。同學們大可放心。因此他又獲得了「三極其老師」的雅號。

數學老師郭玉璽，字綬青。安陽縣人，北大數學系畢業，高中數學和初中三年級的數學，都由他擔任，戰時課本缺乏，前已述及。他指定翻印的講義，由我繕寫翻印，故與郭老師有一段特殊的感情，蒙他指導亦多，但我的數學成績，總在勉強及格邊緣，說來十分慚愧，高中修習范氏大代數，因根基不夠，亦僅能低空掠過，影響爾後考學至鉅。郭老師在卅二年，日本第二次侵襲太行山地區時，因逃難途中，為敵所俘。據趙九成老師在「抗戰時期的林縣聯中」一文中透露，與郭老師同時被俘的還有王尚文（字曼青）老師，王當時擔任訓導主任，他們被俘後被解往太原，不幸王老師因病死在俘虜營中，郭則乘機脫逃，後來任新鄉師範學院數學系主任卅餘年。人生際遇，各有不同，王尚文老師青年有為，當時在學校極獲同學愛戴，不幸遭此慘禍，至可悼惜，當然在此一役中犧牲的還有其他老師和同學，那年冬天。學校南遷後，全校師生，曾為此役犧牲的老師和同學舉行一次簡單隆重的追悼會，哀戚之情，至為感人，後當詳述。

另一位國文老師李孟賡先生，情形較特殊。行年六十，身體健康，精神矍鑠，係吾林鄉紳，他沒有什麼學歷，而國學根基深厚，雖是前清秀才，惟思想很新穎，他的長子李俊仁先生，曾任林縣教育局長，對林縣之教育有相當貢獻。孟賡先生字清蓮，當時已在其故鄉合澗南山村隱居，不問時事。校長李隆（字至英）由於當時學校，聘不到夠水準的國文老師，乃親至孟賡老師之鄉居（距學校約十五華里），敦聘李老師本愛護林縣子弟之心，屈就教席，老師心有所感，乃慨允出任高中教席，由於李老師具有舊知識新頭腦之特性，所以選用教材範圍廣泛，記得我讀高一時，他首先為我們開講文字學（亦稱小學），對字辭、字義特別講求。他引用漢儒許慎所著《說文解字》一書敘說：「倉頡之初作書，蓋依類象形，故謂之文。其後形聲相益，即謂之字，文者物象之本，字者、言孳乳而浸多也」。當時我們這些學生，聆聽李老師用他那低沉而緩慢的鄉音娓娓道來，如癡如醉，也才體味出「文字」一詞的明確意義。接著他又為文字的形成，乃是人們為了應付生活上的需要，便於作記事、傳達、以作備忘，所以才有記事記物的圖畫式符號，如⊙（日）（月）（魚）（水）等等，開始時，祇要自己看懂就行了。漸漸地為了彼此共同了解，並進一步共同傳達意見，才將符號統一，使個人專用符號，進入大家共同使用統一符號階段。此一進步，對文字的形成是非常重要的。此後李老師陸續講述中國文字的特質，如一字一音節，一字一形體，兼形、音、義三者；有平、上、去、入四聲之別，也就是說，中國的文字，並不是用拼音符號拼成的，不是發聲的拼音符號文字而是每個文字都有其自我形象與自我發聲，與西方文字顯著不同。至於文字的構造，則依然引用許慎之說文解字所歸納之六書，即象形、指事、形聲、會意、轉注、假借作為逐節逐項之講述順序，就其所研究心得，傾囊相授，使我們大開眼界，也使我們對中國文字的認識，有了初步的基礎。前面說過，李老師選授教材非常廣泛，散文、駢文、詩詞包羅萬象，他挑選的散文，就我記憶所及，有羅念生所撰有名的〈芙蓉城〉，以及〈滬航道上〉（作者似為許地山已記不清了），在講授時特別引人入勝，尤其講到當作者所乘火車進入山道時，「……山來了，山來了，平疇忽然被山吞去了……。」他講話的姿態，配合著手勢與神情，把我們都吸引到火車上了。又講到由車窗外望，看到滬航道上那美得讓人欽羨的秋天紅葉遍山的景色時，「……紅、紅、紅，滿坑滿谷的紅……」使人有身臨其境的感覺，至今不能忘懷！他也選授《陳圓圓傳》，講到吳三桂那個武夫，魯莽的行徑「痛哭六軍皆縞素，沖冠一怒為紅顏」時，那種疾惡如仇的神情，簡直可以感染同學們共憤而血脈賁張！李老師講書的魅力，感人至深，他老先生長於詩詞，當時學校出有校刊，是十六開的油印本，由校長李至英先生親自主持編務，教務處一位書法高手刻印臘紙，每月油印出刊一次，免費送發各班級每班若干份，輪流傳閱、民國三十一年（一九四二）第一屆高中生十五人畢業，要渡過黃河到後方考大學，李老師藉著校刊，賦詩為他們送行，詩云：「門前植桃李，森森十五樹；試看哪一株，頭角最先露」。結果這十五位同學在那年暑假渡河到達洛陽，輾轉抵西安，經過考試有十二人分別進入西北工學院及西北農學院，另三位亦考入其他專科學校，升學率百分之百，林縣聯中之名，就此打響了。後來學校隨戰局發展，渡河南遷，很受地方民眾歡迎，師資陣容堅強乃主因也。

李老師對學生作文，採開放態度，命題之後，即退居一旁，默默讀書，由學生自由發揮，但對學生作文之批改，則非常認真，他將我們高中一年級學生之作文，以不計分方式，按應有水平，分為超、優、上、中、下五個等級，我們班上作文較優者五十人中，不到十分之一，尚可記憶列超等者，有東崗鎮杜然，汲縣遠來就讀之閻毓禾、横水鎮之張衡湘（後改名張斌）、以及筆者本人。當時在校各班次中，以我班上的學生素質較為整齊，沒有過分參差的情形，李老師為了增進同學的歷練，常以文體的變化，作為國文教學的一種方式，一九四二年的一次太行山戰役，日本鬼子竄擾合澗鎮附近某村時，曾企圖凌虐一村姑未遂，而將該村姑殺害，李老師即命學生為該烈女立傳，同學可就個人見解發揮創意，使此一不幸事件能擴大流傳社會，以激發同胞之民族情感！

記得是民國三十一年秋天，開學未久，酷愛文藝的李至英校長，通令全校各班級舉行壁報比賽，高一秋季班由我與好友杜然共同主編，那時抗戰正進入最艱苦階段，民眾生活極端艱困，許多窮苦人家，由於旱魃為虐，農糧歉收，高亢貧瘠之土地上，往往顆粒不收，兼以兵荒馬亂，輸糧支前刻不容緩，很多民眾，羅掘俱窮後，為求一家人生存，收拾家當，攜兒帶女，到山西省逃荒（因山西省南部地廣人稀山坡地可免費供人開發），景況悽慘，難以描述，我於是寫了一篇〈在天災人禍雙重逼迫下的太行山區老百姓〉詳細訴說了民眾生活的窮境，刊出之前，送請李孟賡老師審閱，不意大獲讚賞、並在文後朱批：「昔汪容甫之師謂容甫曰：余之先容甫以爵也，若以學，則余於容甫當北面矣！」今移是語以贈生。「余之先靖寰以年也，若以文，則余於靖寰當北面矣！」當時我看了有些臉紅，但內心則甚喜之，老友杜然則大為驚訝，在同學間廣事宣傳，於是將那篇文章，置於篇首。比賽結束，我班壁報榮獲全校第一，李師亦甚感欣慰！（按：汪容甫，名汪中，容甫其字也，清江都人，早年父喪，家境貧困，受母親教養成長，深通經史，學問淵博，曾校四庫全書於浙江文淵閣。著有《述學》內外篇等。）

英文老師耿晴初，河南省汲縣人，好像是北大英文系畢業，英文造詣極深，據說他曾經背完整部英文字典，那時、英文沒有固定或標準課本，由老師自由選授，印象最深刻的，耿老師所選一篇文為〈吸煙與賭博〉（Smoking and gambling）要同學背誦，大家都覺得太嚴肅了，似乎有一種說教意味，所以他在以後選用教材時，就比較趣味化，像〈威尼斯商人〉、〈燕子燕子小燕子〉等、都是極能引起同學學習興趣的好文章，他教學態度，輕鬆活潑，後來他隨學校南遷，在靈寶宋曲期間，依然由他擔任高中英文，直到我離開學校為止。一九九六我回林縣故居探親，從音樂老師呼天胤處，獲知耿老師寓居鄭州，可惜沒有機會去拜訪他！

音樂老師呼天胤，是經過無數次戰亂顛沛流離後碩果僅存的老師之一，他是林縣本地人，已高齡八十餘歲。一九九五年我第一次到他鄉下故居去看他時，他的身體尚十分硬朗，僅耳朵有些重聽，談到林中從成立到四處播遷，都如數家珍，猶記得林縣中學在合澗大店時，正是抗戰最緊張時代，以歌聲謳歌抗戰是學生與當地駐軍最為當紅的一門功課。學校未遷來大店之前，我們曾在太行深谷中的黃華待過一個學期，那時的歌曲除歌誦太行山的雄偉，也吟詠為勞動而堅毅的〈漁光曲〉。而大店正處在抗日大軍的最核心地帶，第二十四集團軍的龐總部就設在元康（距離學校所在地僅十華里），而四十軍司令部，則設在大店東北三華里的三井村，早晨的軍號聲，出操的口令聲，直可與學生的晨操歌聲，相互呼應。因而謳歌抗戰，提振士氣的軍歌，在當地也大行其道，而呼天胤老師，正是學生歌唱的最佳舵手。

## 11 戰火洗禮下的師生

太行山東麓的林縣，位在冀、晉、豫三省的樞紐地帶，為華北抗日戰爭重要根據地，背靠著巍巍的太行山，與位於晉南的中條山，形成犄角之勢，易守難攻。故雖有盤踞在平漢鐵路線重要軍事要點的名城，如邯鄲、安陽、新鄉等地的日本鬼子強敵環伺，然而我校師生，仍然弦歌不輟，艱苦學習，確非易事。

抗日戰爭從一九三七年七月七日，到一九四二年的四月、足足進行了四年又九個月，駐紮在太行山區的國軍，雖然不主動出擊，但華北的日寇，攻城掠地，已深入鄭州、武漢，貫穿南北的平漢鐵路，為日寇所充分利用，軍需物資，運輸頻煩，兵員調遣，朝夕不斷。太行區駐軍，距離平漢線中段安陽、新鄉近則數十公里，遠亦不過百公里，對日軍側面構成嚴重威脅，所以日軍亟欲拔除此一芒刺。乃於當年四月，大規模實施侵犯，林中位於守軍核心地帶，師生必須強迫疏散，遂化整為零，各歸鄉村隱蔽。事實上這也是一種游擊戰形式，全民游擊戰形式，日本軍隊少而強勁，祇能沿公路幹線攻略城池，廣大的鄉村，無法去遍，遑論佔領了。宛如一條涓涓細流，流過河谷，形成點線，寬濶無垠的鄉村面積、就無法有效控制。敵後的農村，正如一個沼澤，使敵人愈陷愈深，終至無法自拔，而自然失敗。我們就是憑著這一點優勢，滿懷信心，各自隱蔽到故里。

四月的鄉村，異常美麗，花草樹木，初吐嫩芽，在微風中搖曳生姿、放眼望去，一片綠意，而且趁著和風，一天天茁壯；田裡的小麥，已開始吐穗，風起處，麥浪一波波流瀉浮沉，詩人們所吟唱的松濤麥浪，鄉村已具其一。我鄉距日軍犯境所必經之安林（安陽至林縣）公路兩公里半，站在村外樹下，目視日軍之補給車隊迤邐而過，彷彿在閱兵。有一次，日寇步兵一隊，施施然從橫水鎮沿安林公路向林城進發，隊伍正整齊的結隊向前行進，不意遭國軍從隔著旱河的一座小山上發動要擊，機關槍、迫擊砲密集的射向敵隊，日軍紛紛從公路上滾落麥田，似乎沒有招架之力，一直等到日軍從安陽派出的飛機，凌空掩護，方才有力反擊。然而已時近黃昏，國軍沿著小山的稜線，迅速向南撤退，靠著夜色的掩護，安然撤入山區，日軍雖稍事追擊，但以地形不熟，不敢輕進，遂即罷戰。這是我一次最接近戰線的觀戰經驗，一生難得。其後不久，國軍主力為形勢所迫，集團軍總部從原駐地之合澗原康一帶，向南轉移，只留四十軍所轄之一〇六師李振清部，駐守我校西南二公里處之小庄天主堂作為掩護。天主堂建築在一座獨立的小山丘上，週圍約五公里長，四週築有城墻，城內房舍羅列，雖皆係平房，但整齊堅固，為外國人所建造，極富歐洲風味。曾隨同學張仰渠君假日前往參觀，張君是天主教徒，與主持神父認識，如非教徒導引，平日想要進去參觀，亦非易事。李振清外號李鐵頭，山東人，能征慣戰，把他留在這裡，就軍事觀點言，旨在牽制敵人，以掩護主力撤退，一場鏖戰，在所難免。果不其然，當敵軍攻抵原康，撲了一個大空，乃轉攻小庄天主堂。

一〇六師守軍以逸代勞，又憑著有力的工事，結結實實給予敵軍迎頭痛擊。不過敵軍藉著優良的武器，日夜發動凌厲攻勢，亦消耗了守軍不少的實力，像彈藥、食糧、水、守軍就處於弱勢。但守軍士氣旺盛，雖敵人逼近城墻，破壞了工事，爆開了城墻，與守軍展開肉搏，終被擊退，如此進進出出，連續三晝夜，一〇六師在天主堂全部建築夷為平地後，仍固守陣地，屹立不搖。此役敵軍傷亡慘重，計死亡三百餘人，傷者無數，最後不支潰退。二十四集團軍龐炳勳所轄之新五軍降敵，軍長孫殿英原係土匪出身，軍閥混戰時期，曾在馮玉祥麾下作過營長，為籌措兵餉，夤夜爆破清末咸豐皇帝之妃，後為光緒時代之慈禧太后之陵墓，劫竊珠寶。抗戰軍興，在敵後組織游擊隊，以抗日為名到處流竄，伺機搶掠民財，不得已，政府為有效規範，使其納入組織管理，遂予收編，賜番號為新五軍，與第四十軍馬法五部整編為二十四集團軍，任龐炳勳為總司令，駐紮在林縣。敵軍進犯林縣之初，龐總部立即調整戰鬥序列，將新五軍調為預備部隊，從林縣城北之姚村、横水兩鎮與敵最先接觸之第一線，移駐城南之臨淇鎮及臨界輝縣之戰場後方，而以馬法五部所屬之另一個驍勇善戰三十九師調往第一線與敵周旋，戰爭進行至最熾熱階段，龐總部駐原康之陣地，已為敵人攻破，大軍向縣境山區轉進，新五軍投降，其部隊撤至新鄉。然而一〇六師李振清部，在我校西南數里之小庄天主堂陣地，正發揮了牽制敵軍與從後方打擊敵軍之積極作用，三天鏖戰，終於使敵軍不支潰退，龐總部安然返防，縣境秩序，很快恢復平靜。我曾和同學于延生於戰爭結束後三天，親往憑弔新戰場，斷垣殘壁，自然不在話下，敵人所遺留下的尸首，依然有未清理掩埋者，其中有一具頭以下直挺挺平臥在路上，像是安祥的在酣睡，肩胛以上則插在瓦礫堆中，令人不忍卒睹。我們攜手拾級而上，祇見昔日房舍儼然的諸多景點，都已是一片瓦礫，有一處尚未倒塌的山墻，原來粉白的墻面上，佈滿了彈痕，密密麻麻，就像是一個畫家有計劃有組織的筆觸，一塊白白的畫布上，竟無一尺見方的地方留有空白，由是想見槍林彈雨的情景何等慘烈？對保國衛民的鐵血男兒，能不致上最高敬意？活在戰區的民眾，適應能力特別強，戰後一週，即接獲學校的復課通知，同學們又從鄉村的每一個角落，奔向學校，彷彿戰爭從未發生過，孳孳不輟，努力向學。

## *12* 太行山第二次大會戰

一九四三年春天，駐在林縣縣境四週的敵軍，再次進犯，其目的主要在拔除華北太行山地區的國軍游擊根據地，事實上，駐守太行山地區的第二十四集團軍，擅打陣地戰，祇是可以有效支援華北廣大地區的游擊部隊，遂使日寇寢食難安。另一個原因是一九四二年進犯林縣之役吃了敗仗，死傷累累，頗有復仇雪恥的心理因素，特地多方調集人馬，以雷霆萬鈞之力，向林縣壓來。主力自安陽沿安林公路直逼太行山東麓，然後南向與四十軍在合澗原康一線作正面交鋒；駐紮在平漢鐵路新鄉的日軍，則從東南方經輝縣一帶，夾擊四十軍的後方。原來在一九四二年太行山第一次會戰即降敵之新五軍孫殿英部將劉月亭，則多方配合敵軍之進犯以皇協軍名義作探路之急先鋒，原康一線之四十軍作戰失利後，即循太行山東麓向南轉進。但仍部署能征慣戰之一支勁旅一〇六師在林縣東南隅之東姚鎮斷後，以牽制敵軍之追擊。

三十二年四月二十一日至二十七日（農曆三月十七至二十三日），師長李振清率部在東姚鎮及鎮西南之白雲山，同日寇進行了一次殊死戰鬥；在武器兵力都不及敵人的情況下，堅守陣地七天七夜，給日軍以沉重打擊，同時該部也遭到慘重傷亡，寫下了一頁可歌可泣的抗戰史，及今猶為我林縣民眾留下深刻而難忘的欽敬與唏噓，根據林縣文史資料記載：

「……一〇六師駐紮東姚鎮後，師部設在南頭的索老興家，參謀部設在李玉興家，兵馬征塵未洗，就接到情報，日本已陳軍於嶺西，郝家山西，上庄、下庄、白相井、施家一帶。重兵壓境，東姚附近，到處瀰漫著臨戰氣氛，在戰前兩三天時間裡，師部報告軍情的電話，頻頻呼叫，晝夜不停。李振清師長守在電話機旁，詳細詢問敵情，並和副師長、參謀長一起登上白雲山頭和跑遍全鎮內外，察看地形。十八日晚，師部召開連以上軍官緊急會議，研究和佈署作戰方案，決定搶先佔領白雲山這個制高點。同時也加強北、東、西三個方面的守衛。搶築工事。今後，各部份迅速進入戰鬥崗位。在白雲山頭，在大街小巷、在鎮周圍的田野和道路上，到處佈滿了築街壘、修碉堡、挖戰壕的官兵和群眾，一聽說要在這裡打日本，老百姓情緒異常高漲，除了將老弱婦孺儘快疏散外，都踴躍前來支援戰爭。有的把門板摘下來，有的從自家取出了鑼籮筐、有的往山上送湯送水，為了阻礙敵人交通、民眾把大樹鋸翻，橫堆在大路中間。鎮上的各家各戶還把院墻打通，以利守衛。山上山下，兵民同仇敵愾，揮汗淋漓，緊張的進行戰鬥準備。

二十一日清晨，日軍向白雲山發動圍攻。

白雲山距東姚鎮約兩里，南臨淇河，北貼東姚，具有重要戰略價值的要衝。這座巍峨挺拔，風景秀麗的名山，是神話傳說中的大仙姑——瓊霄居住的地方。山頂上建有十二座院落的古剎。自明初始建，幾經重修，廟宇亭台，構築精巧，世世代代，香火繚繞、木魚鐘磬，隨著善男信女們虔誠祈禱，延續數百年，此時鼙鼓烽火已經驚破了它神秘靜逸的氛圍。日軍在東南面的雞冠山上架起迫擊砲，朝著白雲山猛轟，步兵從雞冠山和東北面的斷弓嶺分兩路向山頂合擊。山上一〇六師以一個營的兵力守衛，長官命令，二百米外不開槍，讓敵人靠近了再打。在左右連綿的山巔上，日寇如入無人之境，向白雲山頂仰攻前進，步步逼近廟宇。指揮官一聲令下：「打」。戰壕裡、碉堡中、廟頂上，機槍、步槍噴出憤怒的火舌，雨點班密集的手榴彈擲向敵群。跑在前面的日本鬼子應聲倒地，尸體如同穀個子似的躺滿山坡。後面的部隊不得不步步退卻，掉頭逃竄。守衛官兵，英勇作戰，一天時間內，連續打退敵人四次衝鋒。

在白雲山激戰正酣之際，東姚鎮的戰鬥，也已打響，日軍在炮火掩護下，從鎮北的開闊地裡撲來，督戰隊揮著戰刀嗷嗷吼叫，敵人大部兵力集結於亂麻泉。重點進攻北券和北街小橋一帶、北線工事中，守軍猛烈開槍還擊，當敵人大砲擊中券門樓碉堡的時候，先頭部隊瘋狂的翻越墻頭，打開大門，後續部隊蜂擁而入，鎮內守軍，憑藉著街壘，節節抵禦，激戰兩個小時，敵人攻進了大街。雙方短兵相接，整個北街和天齊廟內外，腥風血雨，充滿了刺刀撞擊和嘶殺聲，一〇六師的兵士們個個槍上刺刀，往來衝殺，有的拿起群眾用以自衛的紅纓槍，拼死肉搏，終於又將敵人擊退北券外。與此同時，東庄一帶東池口、東大廟等地的巷戰也非常激烈。戰鬥相持六天六夜，在東姚鎮打了三進三出，日寇始終未佔一點便宜，一處陣地也不曾攻下。

四月廿七日，日寇從安陽派遣十餘架飛機，列成戰陣，向著東姚鎮和白雲山發起猛烈攻勢，飛機在空中輪番轟炸，一個小時內大約投下二百多枚炸彈，鎮上濃煙滾滾，一片火海，山頭上的廟宇和工事，無一倖存。李振清師長正在十字街口座南朝北的大戲台樓上指揮戰鬥，飛機突然俯衝下來，一顆炸彈落在他的附近，衛士連忙請示：『師長、還是隱蔽一下吧！』李師長仰頭看看天空，未予理會，突然間赤著脊背，舉起戰刀高喊：『人在陣地在，弟兄們、殺啊！』師長的無所畏懼和鎮定自若，更加鼓舞了士氣，許多官兵也都脫去上衣，光著上身，奮力砍殺。戰鬥暫時停息下來以後，鎮東和鎮北大半個集鎮，死尸堵塞街衢，有的腦漿溢流，有的開膛破肚。有的身上還插著刺刀，真是慘不忍睹，東姚鎮民眾何其不幸如此？

白雲山上，一陣狂轟濫炸，地面工事中守軍已全部陣亡。祇剩下地下劵洞內的百餘官兵。轟炸過後，敵步兵從南北兩路，開始向廟院衝鋒，首先從西院打開一個缺口，攻進了院內，劵洞內的官兵一齊衝出來，在瀰漫的硝煙中，一個院一個院與敵人死力爭鬥，王母娘娘殿外，一個日本通訊兵，正嘰哩咕嚕的報話，話音未落，刀光在他頭上一閃，頭顱早已落在地上了；戲樓台前，一個敵酋正狂犬般督戰，刺刀已把他穿透過了心。眾寡懸殊，一以當十，打到最北邊一個院子時，守軍一個士兵被七、八個日本兵團團圍住，他帶著遍體傷痛，猛然撲上去，抱著一個敵軍官，飛下了山後的絕壁深澗。仇狠在官兵心中燃燒，大刀向鬼子們的頭上砍去。山上山下已完全聽不到槍砲聲，只有殺……殺……殺的喊聲，震天動地，回響在千山萬壑間。日寇傷亡無數，守衛山頭的一〇六師將士，也大部份壯烈捐軀！白雲山眼看失守了。此時，充溢著抗敵血性的李振清師長，望著跟隨他多年的部屬尸首，黯然至於泣下！李振清師長在面臨全軍覆沒，山窮水盡的處境下，懍於未來責任的重大，復仇的決心，油然而升，於是迅速集合餘眾，從東姚東南的馬池坡衝出重圍，經石大溝向湯陰縣的牛洪嶺一帶轉移了」。

一〇六師在東姚白雲山之役，血戰一週，他的任務原在牽制敵軍，以掩護第二十四集團軍大部隊的撤退，現在已完成任務，突圍轉移陣地，應該是合理的措施，只是在這一場硬仗中犧牲的無辜百姓以及他們的財產，卻是無法估計的。一〇六師的餘部既已突圍成功，配合抗敵的民眾也就祇有守著殘破的家園任敵宰割了。

第二十四集團軍龐總部在原康一役失利後，即行南撤，護衛其總部的是一個團的兵力，根據該團團長韓鳳儀將軍（韓將軍河南汜水人，抵台後曾任澎湖防衛副司令其司令正是李振清），在林縣中學遷到豫西靈寶縣的一次演講中，曾詳細描述了那次撤退時面臨的艱險。他說：「當部隊撤退到林縣與輝縣交界處的山谷中時，夜已深、兵已疲，但是部隊卻不能停下來稍事休息，就在山谷中小路間摸索前進，但敵人的追擊並不稍見鬆懈。第二天拂曉，以望遠鏡向兩面山嶺瞭望，敵人已佔領山頂，而且都是輕裝部隊，他一盤算，這是需要強力奔襲突圍，才有脫離戰場的可能，而總司令龐炳勳是一個跛腿將軍，行動不便，如何突圍？不得已，就將龐總藏匿在一個極隱密的山洞中，並留置其公子及少數衛士陪伴，以期在戰後再來尋接。可惜事機不密，為一個與降敵之新五軍營長有勾結的不肖部下所出賣，老龐被俘了，很快便解往新鄉。」韓說：「很慚愧，把老將丟了」。

當時把老將安置妥當後，大部隊由四十軍軍長馬法五率領，強力南撤，韓團仍然奉命斷後，且戰且走，部隊撤退到黃河北岸時，韓團為掩蔽四十軍大部隊強力渡河，在河灘上與敵展開一場血戰，敵人以優勢兵力優式武器，在河灘上以機關槍密集掃射，四十軍在一面搶渡，一面還擊的狀況下，又缺乏掩護，所以傷亡慘重，及至敵追擊至河邊時，遂展開拚刺刀的肉搏戰，戰況慘烈，真可以說驚天地而泣鬼神，河水都染紅了。韓團長在躍上最後一隻渡船頭上時，一個日本鬼子仍然強力拉住他的軍服一角，不肯放手，韓團長手起刀落，將敵人的手和著衣角一起斬斷，始得順利抵達黃河南岸。清點部眾，全團千餘官兵，生還者僅四百餘人，言下不勝唏噓！

# *13* 敵後煎熬的日子

四十軍自南渡黃河後，太行山東麓這一塊不大不小的華北抗日根據地，立刻陷入一片混亂的局面，日本鬼子佔據著點與線，游擊隊散佈在廣大的鄉村，晝伏夜出，或偷襲，或突擊，不斷的與日軍相周旋，日本鬼子為了鞏固他們的據點，於是廣征民伕，將位於安林公路中點的純樸小鎮橫水橋西的一片民宅，悉數夷為平地，以期視野廣濶，使游擊隊無法接近其駐守之制高點，殘暴可惡，達於極點。

橫水鎮，乃吾鄉區公所所在地，屬林縣第六區管轄，位於縣城之東與東南，面積約兩百餘平方公里，轄一一二個自然村，人口約六萬人，橫水鎮因發源於太行山之洹河流經該鎮呈南北走向穿鎮而過得名，河東河西有一座古老的石橋相連結，為安林公路必經之地，橋的北面有一片臥牛似的巨石，仰視北方，洪水爆發時，洪峰勢頭先經過這一群巨石抵擋、緩衝，勁力銳減，抵達橋墩時，力已稍殺，然後平穩的穿過十二孔橋眼，水勢舒緩的向東南瀉去，故石橋數百年來造福人群而安如磐石，可惜在對日抗戰期間，日寇幾度沿安林公路西侵，我軍為阻止頑敵，自動將之破壞，或多或少也發揮了一些阻敵效應，這也是八年抗戰史上，它對中華民族的偉大貢獻罷。

兵連禍結，將吾鄉民眾困陷在煎熬難過的煉獄中，農物歉收，飛蝗為災，為我一生所僅見的慘痛場面。夏天旱魃為虐，農田乾裂，禾苗枯萎，老百姓用各種方式祈雨，而天空依然一片晴朗，直到夏日將近，才獲得一場甘霖，大家正慶幸禾苗獲得雨水滋潤，由枯萎轉成挺秀，谷穗累累時，不幸另一重災難，無情的再度降臨，那就是罕見的蝗災。蝗蟲像一陣旋風，鋪天蓋地從四面八方掩至，爬在農作物上，啃吃著谷葉、谷穗、谷桿嘖嘖有聲，民眾無論用什麼方法或工具揮趕，竟然無一點效果。不要幾個小時，田禾即從垂頭狀態，變成了萬箭朝天。這年秋天，民眾顆粒未收，於是逃荒、搶劫，就成了鄉民常見的慘狀。另一方面，駐在横水鎮的日本鬼子，又三不五時下鄉掃蕩、搜括，縱使鄉民有些藏糧，也難以保有了，而土著游擊隊（地方年輕力壯的鄉民自行組織的夥眾，以保家保鄉為名，實際進行劫掠的烏合之眾）又逐村進行騷擾，弄得老百姓苦不堪言，他們所到之處，強迫村民供飯供湯，民眾餓著肚子也得先餵飽這一群類似丐幫的青壯份子，他們遊遍一個村又一個村，留在村內弱勢族群，不是老的就是小的，或者是逆來順受的婦女，那乾癟的面龐佈滿了溝渠似的縐紋，骨瘦如柴的四肢，顫巍巍的挑著兩個破陋的籮筐，一頭是飯，一頭是湯，從村中每一戶出來，送到夥眾集結的廣場或家宅寬大的人家，供他們吃食，這些食客還挑三揀四，尋找品味較佳的食物，優先吃個淨光，如還不飽，才勉強吞下那些較粗糲的食物，以滿足他們的口腹。這情形看在每一個善良老百姓的眼裡，真是情何以堪？然而這種畫面，卻不斷在太行山東麓的每一個村庄輪流上演著，不知何時才能終止。

這一群流民，有的擎著土槍，有的持著棍棒，老百姓給他們起了一個極為傳神的名稱「胡擄隊」，以象徵他們無紀律、無膽量，遇到正牌游擊隊，先看對方聲勢與實力，人數少，實力不如自己者，也會圍而殲之，搜刮其少數武器以壯大自己，但如遭遇日本鬼子下鄉掃蕩，他們往往聞風遠揚，比老百姓跑得快好幾倍，農村本極破舊貧瘠，經過這種一波又一波的壓炸爬梳，已是十室九空，藏在地下的一些衣物、糧食，已經為日本鬼子、皇協軍（投降日本的軍隊專為日本人打前鋒的漢奸）、胡擄隊、地痞、流氓、搜刮得一清二白，老百姓衹得吃樹皮、草根，以渡殘生；耐不住飢餓的一些人，收拾起破舊的衣服、破被，拖著一家老小，奔赴山西逃荒去了。於是農村就更破蔽，更荒涼了。

我家世代務農，家中成員都懂得祖先「積穀防飢」的遺訓，在兵荒馬亂的時代來臨之前，就有計畫的將餘糧一點一滴藏於九地之下，上覆水缸，偽裝掩護，出口就在院子裡，一眼就可看見，擄掠者的心理，一味挖掘角落、暗處、對於擺在眼前的一個水缸，從來就不屑看它一眼，因而我家的窖藏糧食得以大部分保全，也讓我家二十多口老小，平安度過荒年。

這些都是有形的煎熬，而在精神方面，還有讓你不能忍受的干擾，各方政治勢力，選擇散佈在鄉村中的知識青年、學生，不斷的造訪，今天請你開會，明天約你座談，但是沒有一個正規學校讓你讀書、進修，使我這個輟學青年，徬徨、猶豫，不知如何是好？參與工作吧！學識太淺，投筆從戎吧！身體太薄弱，正在焦慮無所適從的時候，從河南傳來了林縣中學在靈寶縣復校的消息，和我同在鄉下蟄伏的一些同學，你傳我傳，於是聯絡了大約七、八位同學，年級不等，其中以我和張衡湘、于延生年級最高，都是剛剛升上高中二年級的學生，邀請一位原在職林中的老師楊懷珍率領，決定繞道敵人後方，間關南渡黃河，繼續我們的學業，並以東橫水（亦名小橫水）村于延生家為聯絡集中地點。原因是于延生的父親，在當地曾任契稅局長，鄉里間聲望較隆，在安陽縣水治一帶有不少朋友，而且與當地商家頗為熟識，我們經過時，可以代為安排食宿，不致受到駐在水治鎮的日軍騷擾，同時代購通過敵人佔領區的通行證（敵稱良民證），製發通行證的機構，記憶似為敵佔領區的安陽偽行政單位，我們要過河的幾位同學，備齊照片，委託鐵爐村的一位照相師傅，親自到安陽地區的水治鎮去申辦，申辦所需時間大約一週，這段等待時間，各自在家中打點自己的行李和衣物，因為通過敵區，需喬裝商旅，習慣在家鄉常穿的服裝，不像跑單幫的小商人，易為敵偽識破，故家人為我準備黑色短襖和散管長褲，並將到後方政府統治區所使用的法幣，藏在褲管夾縫中，免為敵偽發現，一切準備妥當，就等通行證到手，定期啟程。父親是鼓勵我南渡讀書的唯一推手，二叔、三叔是家中農事的主力，讀書不多，對供晚輩讀書沒有任何異議，四叔當時已改行經商，對後輩求學讀書，自然支持。二叔則希望我渡河後，如情況穩定，亦可讓堂弟庚子（他的長子）也能到後方升學，因為當時庚子才讀初中一年級，不敢讓他跟我一起到河南去冒險，而三叔的兒子則是尚未達到學齡的兒童，有資格出遠門讀書的唯我一人，所以家中上下對我的南渡，都抱有極高的期待，常問我準備得妥當了沒有？關懷之情令我非常感動。當于延生捎信說通行證已備妥，定期動身的日期已定，我的心境一直是平靜的，所以啟程之日，並沒有覺得我就要長時間遠適他鄉的激情表現。

最使我不安的是母親的傷感！因為就在約一個月前，她唯一的女兒—我的姊姊水仙，不幸患腸胃炎，經過父親想盡辦法治療無效而去世，遺下兩個小孩，大的才五六歲，小的尚在襁褓，都由母親為她扶養，而我在此時又將遠離，母親的傷感與痛心真是無法言宣，然而南渡求學，行期既定，又無法延緩，衹有千叮萬囑，由胞弟庚辛代為安慰侍奉了。

啟程之日，父親堅持送我到東橫水于延生家，親眼看到我和諸同學會齊，他才放心。

我扛著簡單的行囊，離開這生我、育我整整二十年的可愛故廬。三嬸站在大門口笑問：「過年的時候回來麼？」我漫不經心的回答：「也許高中畢業的時候吧！」她那裡知道，此去道路漫漫，在這戰亂的時代裡，誰能掌握自己的行止呢？

時序已屬初冬，我走出村莊，舉目四望，田野裡一片荒涼，剛發芽的麥子，還無力覆蓋廣袤的黃土地，而木葉盡落，岸頭上偶有收割剩餘的大麻子葉杆子，在朔風中搖搖曳曳，這情景特別顯現鄉村的凋零。出得村來，父親堅欲代我提取行李，我不肯。父親伸手從我肩上強拉過去。我心中不忍，但又不能不成全他的舐犢情深！

父親對我的管教，一向嚴苛，從不假以辭色，讀中學後，管教稍見舒緩，但我在父親面前表現亦極謹慎，言語行動，均不敢造次，我自忖，這是父親在我出遠門前，對兒子一種示愛的深情至意，我不應違拗，所以我才順從的鬆手，讓我一生有一段美好記憶！

我們父子兩人循著鄉間小路，經過我家祖宗墳前，注視著週遭的一切，並沒有意識到，此次南渡讀書，會與家鄉有多少時間睽違，所以並無多少眷戀情懷。父親邁著不疾不徐的健穩腳步向前走著，我緊緊在後面跟隨，不時交換一些高中畢業以後，要讀什麼樣的大學，學些什麼等等。五華里的路程，大約四十分鐘抵達，父親親眼看著我與諸同學會齊，並與各位家長寒暄致意後，即行返家，我跟他到東橫水村外，目睹父親的背影遠去！

## 第二篇

# 孤蓬萬里

此地一為別，
孤蓬萬里征。

# 1 征途首日

一夥喬裝商人的七、八個青年，從小橫水于延生家出發，沿著坎坷不平的安林公路徐徐前行，雖然已是初冬，然而我們各自扛了行李，儘管東北風颼颼作響，我們竟不感覺寒冷，心裡僅捉摸著此去不知會遇到什麼不可測度的事物，這幾年雖不在家裡待著而常住學校，畢竟距離家園也祇有大半天路程，期中考後，總也有時間回家探望一番，寒暑假期間，在家享受天倫之樂更久。奶奶、母親對我這個在校讀書的長孫、長子格外疼惜，好吃的、好穿的總不會少了我的一份。如今遠渡黃河，在鄉人安土重遷的觀念裡，是一件不得了的大事，值此戰亂年代，更不敢想像未來的命運。

走著走著，我還沒有調整好遠適異鄉的那份悵惘，已經到了離家七華里遠的那個我熟習的小村—晉家坡，住在這個村庄的人家並不姓晉，多數姓郝，我姨母家就住村中的半中央，是小村中唯一擁有樓房的大戶人家。可惜姨父抽大煙成癮，沒多久就把大部份家財搞得泡沫似的沒落了。

安林公路從小村中穿過，往前兩里，就是有名的尖餅場，它是位於白家凹山腳下的一個小小高地、是安林公路中的一個要衝，那裡沒有幾戶人家，只有兩家簡陋的小飯舖，來往客商，多在這裡打尖，從我們村庄眺望，那裡就是視線的極限，翹首回視，則可清晰的看到太行山東麓的一大片家園，日寇向吾縣進攻，行軍至此，多會在此稍一駐足，然後架設砲兵陣地，發砲轟擊示威，繼即如水流而下，快速前進。我們到達尖餅場高地時，便不由自主駐足回眸，再審視這美麗的家園一眼，不禁興起「此地一為別，孤蓬萬里征」的感嘆！

按照原定計畫，頭天晚上我們要借宿在安陽最西邊的水治鎮近郊的一個騾馬大店裡。所謂騾馬大店，是一種最平民化的旅館，來往客商多係趕著三或五匹騾子、驢、馬的馱隊，從山東到山西販賣鹽、糧的販夫走卒，他們從山東買了海鹽，遠走山西換購糧食，再到山東鄉下去出售，以搏取蠅頭小利維生，他們大多住在這類旅店，一來牲口可以由店東派人妥為照料草料，二來有飯食供應這些趕腳者（鄉人稱趕著牲口販賣鹽糧的客商叫趕腳的）的飲食，晚間睡在一個大通舖上，還有被褥供應，冬天還在大廳上烘火爐以取暖，真可以說是賓至如歸。我們原以為我們也可以享受這些在鄉村不曾享受過這種客商生活，但店老闆與于延生的父親是老朋友，對我們這些學生特別看待。當我們抵達當晚，除饗以豐盛的晚餐外，並安排我們住在他家大客廳中，以避免皇協軍到旅店檢查，以策安全，用心良苦，盛情可感！

老闆住宅的客廳，寬敞溫暖，幾個人擠在一起，更覺溫馨，日本鬼子對旅店住客，檢查特別嚴格，但對民宅，如無特別情況，通常不輕易騷擾，所以我們在敵區渡過了第一個平靜的夜晚。

次晨早餐後，辭謝了騾馬店老闆，繼續向安陽進發，水治鎮距安陽相距四十五華里，這路段不太平靜，水治東邊一個大村庄叫做曲溝，為土匪出沒之所，來往客商在此遭受劫掠者時有所聞。我們學生並非土匪劫掠對象，但通過此地，也不能不戒慎恐懼，好在通過時間為客商密集來往之際，所以有驚無險，時近黃昏，平安抵達安陽。

安陽為河南省所轄黃河北岸三個府治所在地之一，舊名彰德府，與衛輝、懷慶、並稱河南省之河北三府，宋時別稱相州，建有「晝錦堂」，為北宋名臣韓琦治理相州時，著有政績，為表彰其令譽所興建，有歐陽修所作〈晝錦堂記〉一文而傳頌一時，我們此次經過，可以說是逃難，所以並沒有打算欣賞名勝古蹟，何況「晝錦堂」遺址，已蕩然無存。所以祇能在火車站附近，隨意找個旅店休息一晚，以便次日搭乘火車南赴開封，展開我們的逃難之旅。

## 2 平漢線上

通過安陽的鐵路叫平漢路，也就是以北平至武漢而命名，其實應該以平廣路稱之。那時的車廂分頭、二、三等，我們託人代購的火車票，自然屬於最平民化的三等車廂，並不對號入座，而是誰搶到位置誰坐，搶不到位置的就只有站立的份。那時日寇佔領著安陽縣，車站管理人員都是漢奸，尤其是那些維持秩序的人員，一律穿著日本軍服，耀武揚威，全不把自己的同胞當人看待，手裡握著具有彈性的籐條，對著爭先恐後擠著上車的旅客，無情的抽打著，讓我們充分體會到亡國奴的可悲！

還好我們順利搶到座位，把隨身行李安置妥當後，環顧車內，那些站著的旅客無奈又不平的眼神，著實讓人同情，但這正是人類的本性，是競爭勝負的特色，在敵人鐵蹄蹂躪下的順民，不得不忍受的不平等待遇。

大約在安陽火車站停留片刻，汽笛一聲長鳴，火車開始緩緩向前移動。第一次坐火車，有一種新鮮感，也有一種辛酸感，如果不是日本人的侵略，我們何須離開可愛的家鄉，又何須在敵人的鐵蹄下，如此不光彩的踏上逃亡之路呢？火車越駛越快，窗外的樹木，剛收割過的竿子，像一隊隊打了敗戰的士兵，快速的倒退，揚起陣陣沙塵，模糊了視線、淚水，也模糊了我的思緒。此去目的，在遠離苦難，也在追尋新生，渴望到後方完成學業，加入神聖的抗日陣營，為民族國家盡一份國民的力量。火車在平坦的華北平原上快速的奔馳，思緒也跟著快速的節奏逐漸轉向沸騰，彷彿美景在前，伸手就可以摸著了。

抗戰期間為阻止敵人進犯，固守洛陽，政府在鄭州附近花園口地區，掘破黃河大堤，導引黃河之水橫流，使敵人不敢越雷池一步，確實發揮了不小的軍事效應，所以在廣濶的黃河平原，敵人僅能踞守豫東開封、商邱一隅。而我們的南渡路線，祇能循開封、商丘繞道安徽之亳州、界首輾轉到洛陽。火車疾駛在黃河平原上，既快速又平穩，大約在午後四、五時左右，即抵開封，我們就在火車站附近，覓得簡陋的旅店投宿，以便次日搭乘開往商邱的火車，開封乃敵偽控制區，我們行動特別小心，住在旅店，祇能喬裝跑單幫的小商人。街市雖極熱鬧，我們卻只能困守旅店，一步也不敢外出。

領隊楊懷珍老師，係安陽高中畢業，與我們這些學生一樣第一次出遠門，所以大家侷促以居，連說話都不敢高聲，在敵人淫威下，內心的屈辱，難以言宣。

開封到商邱，雖不甚遠，但那時的火車動力是靠燃煤蒸氣，聲音大、速度慢，第二天到達時，天色已晚，食宿仍和開封一樣，儘量保持低調，不敢隨便與陌生人交談。就在夜深人靜的時候，突然旅店掌櫃（南方稱呼老闆）跑來對著我們大家說：「你們是到後方上學的吧？我們可給你們協助。」我們聽了，不禁一臉錯愕，趕忙加以否認，說我們是做生意的，因為商邱也是敵人佔領區，雖然過此即是三不管地帶，但在沒有脫離敵區前，不敢暴露我們真實身分的。老闆繼續說：「你們不必隱瞞，此地乃敵區青年學生循此跑向後方的轉運站，我們每天都會協助陷區青年安全到達後方特殊服務的。這也是我們為國家貢獻心力的一點微不足道的赤忱！不過我們也要收費的，每人收取一元錢偽幣（也就是汪偽政府所發行祇能在陷區流通的準備銀行貨幣，其價值相當於法幣的三到四倍），保證諸位可以通過敵人之檢查崗哨，順利進入政府統治的自由地區。每批青年學生經我們相送，不是祇有你們幾個人。」他的談話，言詞與態度，非常誠懇，經我們詳細斟酌後，覺得合情合理，不由我們不信，所以大膽的答應了他的要求，約定次日臨行前再交錢成交。

次日早餐後，老闆如約前來收款，並為我們代雇了交通工具，一種名叫「軲轤馬」的板車，由人力拉動，車的結構非常簡單，橫軸貫穿兩個約三尺高度的車輪，上面裝了一塊長方形木板，兩側有欄杆，左右各有兩根略呈圓方型的木槓伸向前方，供人兩手拉動，每三個人共雇一輛，除行李可以置放在板車上外，車上僅容一人坐臥，另兩人跟在車後，徒手步行，車伕在前方以兩臂把著兩根木槓，拉動板車前行，每行數里，跟在後面的同學，可以與坐在車上的同學輪流換乘，如此遙遠跋涉大約需要三天。

## 3 繞道商湯古都

旅店老闆很忠實的送我們通過敵人的崗哨後，猶目送我們約遠離兩百公尺，眼見平靜無事，方從佇立處轉回，這時我們才證實老闆昨日之言，誠非虛構，接送知識份子從敵區逃向後方，也是一個中國人，一個有良心的中國人，發揮其愛國情操的一種表現，值得尊敬！

這一天，風和日麗，初冬天氣，在陽光下步行，甚感舒暢，商邱地處華中平原地帶的東沿，放眼望去，麥田蔥籠，一片沃野。可惜大好江山為敵寇所踐踏，內心實有不甘，益發激勵我們這一群熱血青年，積極投入抗戰陣營的決心。

從太行山區渡黃河到洛陽，當時在敵人佔領區及國軍控制區交錯情形下，有兩條路線，其一是從山西省的陵川、晉城直對洛陽，路線短，須經過黃河北岸之敵人封鎖線，危險性較高，多須在黑夜偷渡，很不安全；其二即從陷區繞道安徽，須時較長，大約十天。我們就選擇了第二條路線，從商邱向南，步行了一整天，沿途尚屬平靜，當晚抵達亳州，已是安徽境界。這裡是三不管地帶，無敵軍、無偽軍、亦無國軍，治安不是很好，但我們結隊而行，尚無恐懼感，所遇到的都是自己同胞，而我們的打扮完全小商人模樣，所以十分順利。

亳州是商朝故都，最早的印象是在十歲左右讀四書時「湯居亳，以葛為鄰」。即知在商湯早期是定都在這裡的，黃河流域的文明誕生與成長，這裡的人民應該是有相當貢獻的。歷代相傳到了盤根，才把首都遷到安陽的（盤根遷殷）。可惜時間太久了，好像在早期的商朝，並沒有在亳州留下什麼古蹟，也許後世的考古學者，未能像在安陽小屯發掘出殷墟的豐富文物吧！越亳州而南，漸漸深入安徽境界，人情風俗與開封、商邱多少有些不同。首先是吃食的多樣性，饅頭是黃白相間，一層麵粉，一層黃色的包穀，頗能引起我們的食慾，另一種是我第一次看到的包了麵粉而炸乾、炸焦的小魚，每隻約兩三吋長，陳列在攤子上出售。想買來一試新鮮，但那股魚腥味，令我們難以接受，所以不敢輕易嚐試。

## 4 始渡黃河

過亳州不遠，便是安徽省的渦陽縣境界，開始要準備過河了。心裡格外緊張，在想像中，黃河之水一定是既深且寬，滾滾洪流，浩淼一片，豈知走近河岸一看，大失所望，水倒是黃的，像是雨後的行潦，泥稠混濁，一點美感與浩瀚的感覺都沒有，寬不過數十公尺，深不過載負著容納十數人的簡單木船，船夫兩三人，一持篙、一划槳、一掌舵，船資不貴，但不記得具體數字。我們從岸邊跳上木船，船身不住的搖晃顛簸，難免心驚膽戰，因我們都不識水性，萬一船翻了，逃生的機會都沒有。船夫囑我們蹲下，手扶船舷，以穩住船身，大家目睹船家那份鎮定老練的樣子，逐漸定下心來，等到大家都登上船後、船夫一篙抵岸、船身蕩入河心，舵夫順著水性，左搖右擺，撐篙搖槳，或急或徐，共同運作，默契十足的導小船順流斜行，幾分鐘就抵達彼岸。原來黃河從花園口崛堤處往下，即分成四五個汊流，愈流愈淺，十月間正值枯水期，故流量都不大，我們才能乘著小木船，橫渡黃河第一支流，說來令人不敢置信，但我們竟然傳奇似的作了平身第一次的浪漫渡河之旅。

穿過皖省西邊與豫省交界處的亳州、渦陽、太和幾個縣境，一共渡過了五道黃河支流，全是乘著不大不小的木船，靠人力划撥，一一渡過，初次緊張，二次以後就感覺很平常了，到達太和縣境，已經完全抵達黃河之南，再不需涉水，感覺平安許多，而且已遠離三不管地帶，是政府有效控制區，有一種自然、輕鬆的心理狀態，連續步行了三天，全無疲憊之感，時近黃昏，我們師生一行，抵達小鎮界首。

「界首」是一個普通小鎮，平時籍籍無名，但在戰時則因處在陷區與政府控制區的轉運點，所以來往客商都要在這裡留駐及計劃另一段行程，所以異常繁榮。而駐紮在當地部隊，對進口客商檢查特別嚴格，聽說駐軍為原來東北軍于學中部，士兵說話口音，有濃濃的東北人味道，雖然我們行李簡單，仍須一一打開，詳細檢查，當我們表明我們是到後方升學的學生身份時，驗關人員明顯有了同情的表現，禮貌許多，行李檢查立即從寬。當晚投宿旅店，有回家的感覺，吃飯、睡覺皆無恐懼，說笑的聲音也洪亮了許多，心情輕鬆，歡樂隨之，陷區的屈辱，與自由地區的尊嚴，差別如此，青年學子感覺尤深。

一宿無話，次日平明，大家都起得很早，心情興奮！此去洛陽尚有很長一段路程，好在有汽車可通，毋須再長途跋涉了。

## 5 乘木炭汽車穿越黃河大平原

在界首車站購了汽車票，但車還未來，貯立等候多時，汽車才緩緩進站，戰時物資缺乏，客車無頂蓋，僅僅是貨車模樣，也無座位，每一乘客就將行李置於車框中作為座墊，男女老幼擁擠在一起露天而坐，車頭左側矗立一個煙囪，詢問之下，才知道汽車動力燃料是木炭，車頭的煙囪就是排煙裝置，戰時缺汽油，有木炭車可坐，就算不錯了。

汽車要開動時，司機先生坐在駕駛台上，助手持彎曲鐵棒一根，插入車頭下方，用力搖個半天，待木炭火力旺盛時，用大力一搖，汽車才能發動引擎開始啟動。在燦爛陽光照耀下，汽車吃力的像個老牛，緩緩向前蠕動，公路寬闊像河流，因為路上佈滿了鬆散得像麵粉似的塵土，深及腳踝，汽車過處，塵沙飛揚，盪成一團團黃霧，瀰天蓋地，遮蔽視線，好在漫漫平原四無遮攔，塵土漫天分揚冒向後方，坐在車上的乘客，如非逆風，可以不受影響，儘管汽車吃力的向前衝，但路軟車重，就是沒有飛快的威力，不像安陽奔向開封的火車那樣暢快淋漓。

故鄉在豫北的丘嶺地帶，盛產石頭，而黃河大平原一望無際，除了平坦的麥田，微微有些綠色的麥芽外，就只有看不到一粒石頭的黃土大道。車自界首小鎮出發，數小時抵達漯河市，該市亦係拜戰爭之賜，出奇的繁榮，因為是從前方轉赴後方洛陽的必經之地，生意很活絡，汽車燃料木炭須在此地補給，所以在此稍事休息。該市雖熱鬧，但街道簡陋，還不能算是一個現代化都市。汽車再度啟動，衝向團團黃霧，一路所見，單調而無味，中午時分，抵達河南省中部之葉縣。

葉縣位於省之中部，略偏西南，就在伏牛山的東麓，戰時為避免敵機轟炸，省政府遷到山區之魯山縣辦公，而葉縣接近魯山，故亦較平時繁榮。我們中午須在這裡打尖，而汽車到此亦需更換以酒精作燃料的另一種汽車，耽誤時間較久，初冬天氣，白晝漸短，午餐稍後，賡續上路，以酒精為燃料的汽車，外貌較木炭汽車整潔，車況亦佳，行駛速度，顯然比上半天快了許多，喇叭響起來亦較響亮，精神為之一振！

沿途經過寶豐、臨汝兩縣，已是午後三四時左右，太陽偏西，照在身上，易感舒坦慵懶，但我們這一群青年學子，熱血沸騰，志氣昂揚，彷彿是一步步奔向聖地，而且至此平原地勢因處在伏牛山東麓，亦類似盆地邊緣，不若平原腹地平坦，有些傾斜呈慢上坡情勢，汽車速度，顯然慢了許多，而黃色土灰向後擴散形成之黃霧，則愈益彌漫，坐在車上的乘客，個個灰頭土臉，如同灰堆裡鑽出來一樣，彼此互視，面貌霧濛濛一片，不禁訝然失笑！

夕陽將西沉之際，我們抵達洛陽南邊不遠之伊川縣白沙鎮，車速忽然減慢，幾近停滯，推測前路一定出了狀況，後知為路面變窄，汽車要徐徐駛過。就在這時，忽然傳來一陣烏鴉叫聲。循聲搜尋，左側路邊一排高大的喬木，樹葉已脫，其上站滿了歸巢的烏鴉，黑靄靄一片，像極了濃密的葉子，此一奇景，正應了那句名詩：「黃昏、老樹、昏鴉」，所以印象深刻。白沙雖是小鎮，而今仍難從記憶中磨滅，希望有幸舊地重遊。

## 6 萬家燈火中到達洛陽

車抵洛陽，已是萬家燈火，一整天的長途旅行，使我們疲憊不堪，選定旅店，洗去滿身塵土，匆匆吃過晚飯，倒頭便睡，因此地已屬後方，安全無慮，頗有回家的感覺。而林縣縣政府在此設有辦事處，縣長程萬寶字世賢，隨原駐林縣之四十軍馬法五部渡河以來，即寓居此處，對從林縣間關逃抵此間的青年學生關懷備至，除親來慰問，並每人發法幣一千元作為補助，溫情可感！

洛陽是一座古老的歷史文化名城，曾是我國六大古都之一，東周、東漢、曹魏、西晉、北魏、隋、唐、後梁、後唐等九個朝代，先後在此建都，歷時一二〇〇餘年，故亦有九朝古都之稱，城池巍峨，形式險要，自古為兵家必爭之地。降及近代，民初中原大戰，軍閥吳佩孚曾以洛陽西工為營地，訓練勁旅與北伐軍相抗衡，他在五十歲生日時，一位有名的知識份子，趨炎附勢曾以：「牧野鷹揚，百世功名才一半；洛陽虎踞，八方風雨會中州。」一聯以為賀，顯赫一時，名聞遐邇，而今對日抗戰，洛陽成了第一長官公署蔣鼎文的敵前指揮中心，亦為戰時政治文化軍事各方英才薈萃之所。林縣縣政府亦曾在此設置流亡政府，後隨抗戰形式的轉變而結束。

政府為貫澈焦土抗戰政策，多少名城都夷為平地，洛陽亦不例外，當時洛陽的城墻剛剛掀倒，殘磚舊瓦，還沒有完全清理，而城墻基地，則由當地民眾据為攤販集中之所，我們在這裡停留期間，曾到此閒逛，並且品嚐洛陽有名的風味小吃，如漿麵條、水煎包、糊辣湯等，物美價廉，實為一般平民樂於光顧之去處。

林縣中學在太行山東麓初成之時，完全靠駐紮在當地的部隊掩護，日寇曾以強大兵力多次圍剿，原駐軍第二十四集團軍龐炳勳被俘，其所屬之四十軍奉令撤來河南整補，指定駐地在豫西黃河南岸之靈寶縣，一面整訓，一面扼守潼關與風陵渡黃河南岸一線，河南省政府為爭取淪陷在河北三府地區之青年學子，遂核定林縣中學在靈寶復校，比照當時戰區中學全部公費，擴大招生，並不限制豫北籍學生就讀。

我們在洛陽休息兩天，與學校取得聯繫，並確實認定赴校路線後，集體購定火車票，乘瀧海鐵路火車到靈寶縣向學校報到。

## 7 瀧海鐵路的撞關車

從洛陽開往西安的火車，並非順暢無阻，因為黃河天險從陝西與山西兩省交界處流向潼關後，幾成九十度角折向東流，有效阻止日寇的西進與南侵，原來日本兵力雖強銳，卻祇能沿鐵路幹線進攻，在華北戰場，敵人佔領北平後，兵分數路，向我內地進攻，先循正太鐵路河北省石家庄至山西省之太原市。及沿同蒲路—山西省北部之大同，至黃河北岸瀕臨潼關之風陵渡，有效控制了山西省之各個要衝，然而在我軍重重包圍與阻檔下，也祇能活動在鐵路沿線之各主要城市，向西攻不過拱衛陝西之黃河天險，向南亦難以跨越雷池一步以進入河南省西部，但日軍佔據著風陵渡，其巨砲有效射程，可直達潼關，瀧海鐵路之火車沿黃河南岸奔馳到潼關附近時，敵人就發砲轟擊，所以凡通過潼關之各班列車，多在夜間行駛，火車駛近潼關時，燈火全熄，汽笛不鳴，使敵人不易察覺，故能安然通過，當時我方軍民，乘夜車赴陝時，皆係乘撞關車冒險通過，敵人雖不時擾亂，但火車通過此處，遭敵擊中者甚少。

我們學校設在靈寶，距離潼關尚有相當路程，因為中間還隔著閿鄉縣，故毋須在夜間行駛，不過當時火車動力都賴蒸氣，須燃燒大量煤炭、以維持鍋爐蒸氣旺盛，所以行動速度慢，大約下午一時從洛陽出發，到達靈寶車站時，已近黃昏，必須在車站附近留宿一夜。

靈寶火車站當時還非常簡陋，客商往來無多，旅店餐廳既少，僅有在鐵路南邊，有些臨時房舍，用蓆篾、竹竿搭成的聊可遮蔽風雨的蓆蓬屋，權充飯舖。內部陳設爐灶、通鋪大坑，上鋪草蓆，還有昏暗的油燈，其他一無所有，經營者多半為夫婦檔，進去與掌櫃的打交道，老闆娘開門見山的說：「住店不住店，先吃一碗麵。」祇要吃個晚餐，住宿完全免費，大家坐了大半天車，又渴又餓，祇要吃一晚麵就可住一宿，何樂不為，反正我們各自帶有行李，於是每人叫了一大碗麵。麵條是手工製成，味道不錯，也很有嚼頭，餐後展開行李倒頭便睡，十月的天氣雖有些清冷，但我們還耐得住。

## *8* 走過楊貴妃的故鄉

學校設置在靈寶縣西南山區的五畝鄉宋曲村，距靈寶火車站還有很長一段路，沒有什麼交通工具，必須步行前往，所以第二天早晨，在飯舖裡吃了一頓極簡單的早餐，就各自扛起行李，奔向學校。

靈寶縣是黃土高原的南緣，貫穿縣境南北的河流是一條濁流滾滾的宏農河，當地人稱做澗河，我們是沿著澗河東岸的黃土路，溯河而行，西北風一吹，黃土飛揚，四處望望看不出一些新鮮事物，祇看到平如刀切的黃土崖上，佈滿了一個個黑色的門楣，詢問之下，才知那就是當地村民所居住之窯洞。北方的農村，沒有住窯洞者，以前祇聽說山區有住在窯洞裡的民眾，今日親自看到，方知中國民居之多樣性。十月天尚未寒，走在宏農河邊，扛著行李興奮的走著，不覺身上滲出薄薄的汗意。將近中午，我們抵達了一個純樸的小鎮，穿過唯一的大街，找不到一家像樣的商店，行人稀少，偶然遇到一個路人，詢問他這小鎮的名稱，他操著當地方言，說是「角鎮」，再問他怎麼寫法，他也說不清楚，再往前行，遇到一個簡單的飯舖，老闆是生意人，也許見過些世面，詳詢之下，原來小鎮的全稱是「虢略鎮」，當地人簡稱角鎮。實際上這裡就是傾國傾城的名女人楊貴妃的出生地、想不到我們已走入歷史上著名的寶地。原想不到在這樣荒僻的小鎮上，竟然曾出生過如此驚天動地的名女人，也因為她，開啟了唐朝宮廷中許多風風雨雨，由於唐玄宗的寵愛，廣東的新鮮荔枝要快馬加鞭日夜不停的送進長安，臨潼別墅要耗費巨資建立一座豪華的華清池，文人雅士要煞費心思編一套霓裳的夜曲。安祿山為垂涎其美色，起兵從邊關進犯長安，唐玄宗在逃難途中，為平息兵變，不得不在馬嵬坡前結束了她短短一生的悲劇。想到這裡，就更覺得這純樸的小鎮，不可能產生一位這樣造成唐朝盛世天翻地覆的那場大風暴，然而畢竟發生了，直叫人不可思議。

虢略鎮今天已恢復它原有的平淡，飯舖裡供應最簡單而粗糲的包穀饃，原料是黃色的玉米粉發酵後做成，價格低廉，我們每人購食兩個以充午餐，味道不錯，稍有甜味。飯後繼續向宋曲進發，大約下午四時抵達學校。校長李至英及其他先到的老師同學，聽說我們這一夥同學新從家鄉來到，特別到校門口迎接，吁寒問暖一番後，立即為我們安排食宿，並按各同學原來班級，分別插入各班級上課，從到達之次日起即行隨班上課，由於學期已開始月餘，趕功課、補閱讀，必須要緊張一段時間，這在我們已有心理準備，相信很快就可以適應的。

## 9 住窯洞的日子

學校借用一個撤除神像的大廟宇，作為教室，房舍倒是整齊寬敞，頗像一個富庶人家的四合院，全校高初中好像祇有六個班級，房舍足可容納，教室旁邊正巧還有個不大不小的廣場，正好用來做體育場，廟（校）門向南，門外有兩排高大的柏樹，挺拔茂盛，拱衛著廟宇，頗有一番肅穆的氣象。直前數十步，就是宏農河的上游，河面寬廣，河水洶湧的向前流淌，白浪翻騰，波光鱗鱗，完全不像我們初次看到它時那種渾濁，或許是山洪已逐漸澄清後的本來面貌罷。

校址環山，一陣忙碌過後，太陽已銜山，軍訓教官率領我們到宿舍安排晚間休息之所。宿舍就設在一個可容納二、三十個人的窯洞裡，窯洞有門有窗，推門而入，洞內一片空蕩，光線尚稱充足，光禿禿的黃土地上，舖著厚厚的一層谷草，那就是我們的床鋪，真應了「穴居野處」的那句話了。戰時學生，從溫暖的家鄉跋涉千山萬水，跑到如此荒郊野外，受此洋罪，心中真充滿了無比的憤慨與怨懟，日寇侵略，使得我們這一代熱心學子，來此「臥薪嘗膽」，莫非真是上天在砥勵我們艱苦奮鬥的毅力麼？展開行李，一個挨一個攤在谷草上試著躺下來，心中的辛酸，就自然而然的湧現。既來之，則安之，心不甘情不願又能奈何？

晚餐時間到了，廚房就在寢室西側另一個窯洞裡，餐廳是廚房門口一個小小的打穀場。我們耽心，如果刮風下雨，這一露天餐廳又將如何挨過？開飯了，大家排隊領取食物，每人一個黃色包穀饅頭，大半碗玉米稀湯。饅頭大約有十二兩重，定量分配，不管你食量大小，反正每人每餐就給一個，吃飽了固然好，吃不飽也就祇能等下餐了。戰時學生都是公費，政府對戰區逃到後方的學生，就只能供應這些微薄的粗糲食物，而且每天只有兩餐，上午九時和下午五時。我們這群年輕人，正當發育期，理應吃得飽，吃得好，才能精壯有力，誰知卻要像孔夫子的徒弟顏回一樣過「一簞食，一瓢飲，曲肱而枕之」的苦難生活，真是情何以堪啊！

物質生活雖苦，學習精神不差。教師陣容，較在太行山區似有遜色，英文老師耿晴初，仍擔任我班（高二上）老師，一襲藍色長袍長衫，風度翩翩，不減以往幽默風趣的習性，使我們覺得如沐春風；而數學老師是新任，年輕帥氣，教我們大代數，比起在太行山區郭綬青老師那種不疾不徐、有條不紊的授課方式大大不同，所以受教者領略的程度就自然困難多多。至於其他老師，大致還好，但印象已很糢糊了。

學習環境，雖不盡理想，但同學對課外活動、仍相當熱情積極，同班一位同學張蔚雲，聞在初中時，曾在洛陽中學就讀，對文藝活動興趣特高，在校長李隆先生鼓勵下，發啟各年級壁報比賽活動，他從其他老師處打聽到我在初中時曾主辦過壁報，成績不惡，所以頻頻邀我參加，我因為開學月餘始來報到，功課要補習，特別是數學一科備感吃力，所以祇答應供一篇文稿，並就我最熟習的事物，寫了一篇「憶太行」短篇，刊載張同學所主辦的頗有文藝氣息的名為「一點半月刊」上，其時已是年末春初時節，當張蔚雲同學將文稿匯集送請校長核閱時，李校長竟將我的短文題目改為「春深三月憶太行」，李是河南涉縣人，該縣地理位置與林縣南北毗聯，同處太行山東麓，共同經歷過太行山週邊事務，其意蓋在加深思家思鄉之情愫吧！

## 10 遷校李曲

在宋曲那樣的艱困環境中，辛苦的讀了一個學期，校方與學生都感覺不甚理想，因宋曲僻處深山，交通極不方便，步行到虢略鎮也要二、三個小時，師生都感覺像修行一般，就差沒有梵磬之聲。校長透過地方教育機構，終於在距離縣政府所在地不遠處，覓得一所小學校址，願意遷讓給本校作為較固定之校舍，地名叫李曲，所以我們在宋曲讀了一個學期，即行乘寒假期間，收拾行李，高高興興搬到了李曲。

新校址位於李曲村東南的台地上，四週空曠，沃野一片，有充足的陽光，新鮮的空氣，四週有不高不矮的圍墻。校園分四大部分，北邊是操場，中間院落分東西不等兩半，東面院落較小，南北相對有兩排平房，供學校行政部門的辦公室；西面的院落則較寬廣，房舍四合，環環相扣，所有各班級教室，均可容納。極南部份，則為一小小曠場，各班級校外教學，多在此處實施、可以說是一個極理想的美麗校園。可惜學生住宿須在台地下方之大街上，一個閒置的大院落裡，似是村民酬神唱戲的活動中心。祇有部份房舍供作教職員及學生廚房，學生吃飯仍然在院落裡蹲著吃，但此處房舍不敷全數學生居住，部份同學要商借民房空屋以為棲息之所，戰時學生之生活艱困，可見一斑。

學校已搬離山區，惟師生生活，並無太多改善，不同的是山中每天兩餐玉米饅頭，此處則改為兩餐小米稠飯，所謂稠飯，就是界於稀飯與乾飯之間一種不乾不稀的黏黏的小米粥，用口吸不進去，但用筷子也挑不起的鹹稠飯，每日兩餐，大致可以吃飽，但是年輕人消化力強，總是在還不到吃飯時，肚子就咕嚕咕嚕的叫了。

另一項值得紀錄的就是河南教育廳通令各級學校，要加強精神教育，當時擔任教育廳廳長的張濱生先生，曾親撰各級中學晨歌、晚歌各一首，規定學校在升旗及降旗典禮中，必須由音樂老師或軍訓教官指揮吟唱，歌詞如下：

## 晨歌

天色漸明，金雞報曉似警鐘，精神抖擻，來到操場中，身似鐵、氣如虹，前途事業總無窮，前進！前進！莫從容，努力！努力！大家發奮的為雄！

**晚歌（又名降旗歌）**

夕陽西下，今天又過去了，把我們的工作，從新來檢討，仔細思量，成績有多少？精神勝物質，光陰真可寶，要把中華民族，重新來改造，這才算是我們的懷抱，正國難當頭，大家不要忘掉。

這兩首歌，在我們年輕學生的心裡、就像是符咒，早晚都要唱它一遍，所以每一個學生都能朗朗上口，在當時並無特別的感受，及至走入社會，細細咴磨，覺得對每一學子的道德磨練，還真發揮了莫大的激厲作用，校長李隆先生為了表示對政府法令的擁戴，也親自編撰了一首吃飯歌，歌詞已不能完全記憶，頭兩句是：「國家為我們設學校，父兄為我們流血汗……。」規定在每餐吃飯前，由值日學生帶頭起唱，大家跟著齊唱，旨在告誡學生，要懂得感恩，要珍惜得來不易的一粥一飯，進而努力讀書，用意至善，在全民對日抗戰的大時代裡，這一些小事亦頗富愛國愛鄉的深邃意涵。

# 11 對靈寶風土人情的認識

靈寶是豫西的丘陵山地，南部和西部都是山，宏農河自南而北流，注入黃河，沿河兩岸僅有小面積的沖積平原，李曲即位於其上，北距黃河只有二十公里之遙，從豫北撤來河南整訓的四十軍，即擔任戍守黃河南岸的河防重責，所以吾校師生，基於在太行山區對四十軍之英勇抗敵有無比信心，故在心理上就自然產生一種安全感，學校為了隨時能從軍方獲得必要的協助，與軍中友人常有往來，而與地方教育機構關係亦甚為密切，原任李曲小學的一位狄姓職員，即被延攬仍在學校任職公關，對地方輿情聯繫極有貢獻，例如學生在村中借住宿舍，即常獲狄先生大力協助。

靈寶地方有兩項特產，蘋果與棗。蘋果價格昂貴，多輸往外地，我們窮學生固然無機會品嚐，即使當地居民也無經濟能力享受高價之水果，倒是棗子可以隨處買到。一般農民院子裡，總種植幾株棗樹，每年深秋，棗子成熟時，農家收取、曬乾、儲藏，除自家享用外，亦在市面出售。曬乾後的棗子，色澤深紅，肉多核小，味道甘甜，生吃味酸，與小米稀飯同煮，更別有風味，同學多喜食之。學校初中部有一位靈寶籍女同學，蓄短髮，個兒挺拔，身材窈窕，面貌俊美，非常活躍，同學都非常稱羨，特地為她起了綽號「靈寶棗」。

靈寶地處晉、陝、豫三省交界之衝要地帶，函谷關即位於宏農河西岸之王垛村，在歷史上曾發生過多次驚天動地之偉大戰役，尤其在春秋戰國時代，不少英雄人物，曾利用它得天獨厚的條件，成就了霸業。秦孝公據崤函之固，擁雍州之地，內修政事，以蓄蘊實力；外拒六國，以安其疆域。集天下之英才，奠定了他統一天下的能量，都是藉函谷關在地理條件上特有的幫助，所以是自古兵家必爭之地。余幼年（初中以前）讀左傳、古文，猶記得發生在這裡的戰役無數，晉獻公假道於虞以滅虢，即其顯例。孟嘗君門下食客三千。其中不乏雞鳴狗盜之士，曾在此靠偽裝雞鳴而賺關逃出，後率齊、韓、魏三國聯軍攻秦，秦不敵，秦昭王被迫派遣使者在函谷關談判，最後以割讓河南三城以平息爭端。楚漢相爭，項羽與劉邦約定，先入關者王之。劉邦率部西進抵此，深知函谷關天險，乃避開函谷，出轘轅關繞道陝西雒南、商縣一線，從武官攻入關中。項羽不服，雖擺了鴻門宴誘殺劉邦，終未得逞。此外秦楚崤山之戰，也是發生在此，平劇哭崤山一劇，曾描述秦將不識函谷關之南側崤山之險，輕車進軍，遭楚軍埋伏，一舉殲滅秦軍，皆其顯例，使函谷關在歷史上留下了天險的威名，我們有幸來到這塊寶地、不虛此生。

三十二年末，三十三年初從宋曲遷來李曲，安頓未幾，即逢農曆春節，頭一年在異鄉過年，思緒起伏特別劇烈。靈寶當地過春節，與故鄉大致相同，學校經費拮据，沒錢給學生加菜，值此假日，祇能窩在宿舍睡覺，嗅不出過年的熱鬧氣氛，還是安陽同學王懷遠，年紀較長，懷鄉之情一樣強烈，千方百計，要吃一頓年夜飯，於是借他們最接近的幾位小同鄉劉於禮、宋漢洲、霍詩濤等同學之房東家，煮了一鍋「葷湯絕片」—肉湯煮的寬麵條，邀我們幾位好同學共同享用，也算是過年最豐富的年夜飯，此事雖小，但在我的心底，卻永遠不能磨滅，至今五十餘年，記憶如新。

## *12* 悼念在太行山戰役中殉難師友

發生在太行山第二次大會戰是在民國三十二年的四月中旬，在此一戰役中，不幸遭難的老師有王曼青、王子宜兩人，同學中則有東崗鎮的李承瑞，三十三年四月，正值春暖花開的季節，學校粗告安定，全體師生為悼亡魂，由學校主辦了一次簡單隆重的追悼會，前文已述及，不過並無把每一細節寫出來。

校長李至英，在為去年死難師生舉辦之追悼會中，致詞誠懇哀戚，除述說師生遇難前後的詳細經過外，還自撰〈搗練子〉一闕以誌哀，非常感人，詞曰：

> 花濺淚，柳傷情，客地老馬悼亡生；縱使有日返太行，也無機緣再相逢。

情詞哀切、讀之令人垂淚！另幾位老師，為悼念同寅，亦以描繪已故老師王曼青、王子宜的身影、形體、舉止、以為悼念：

> 微腹翹企曼青貌，側手駝背子宜容。

因為王曼青老師曾擔任一個短時期的訓導主任，每向同學講話，肚子有些向前凸出，為加重說話語氣，兩足後跟總是有節奏的向上翹起旋即放下；而王子宜老師沉默寡言，曾教我們動植物學，一次在田間實習，同學以谷穗變黑詢問原因，王老師亦祇能以「突然的變態」一詞相回答，不過他教書平實，生活嚴謹，走起路來，一手常放在背後，上身前傾，有些佝僂，同事們才有以上的描述，加深師生們對其懷念！

另一位從前方逃來的同學，已忘其名，不幸染上肺疾，功課很棒、但因為長時間營養不良的折磨，又無良好的醫藥以為治療，就在那年春夏交替之際，忍受不了病魔侵襲，而溘然長逝！與他一起從北方家鄉逃來的同學，多悲痛逾恆，遂悼以聯云：

春風亦折嫩枝頭、誰謂冬難過；
夏令不容幼苞花、豈僅秋無情。
情詞充滿怨懟哀戚，但亦無可奈何！

## *13* 洛陽保衛戰

三十三年四月下旬，氣節已屬初夏，校園外，田疇間正是一片片綠油油的麥田，高下錯落，茂密的麥苗長及膝際，競相吐穗，一眼望去，滿目新綠，令人有種舒暢感覺，我們從四面八方來自淪陷區的同學，能夠在這樣的恬適的環境中安心讀書，真是一生中難得的際遇，然而造化弄人，日寇苦苦相逼，無情的戰火又要燃燒到這一塊乾淨的土地上了。

原來日寇覬覦洛陽已久，處心積慮要攻取洛陽，企圖掌握中原的優勢。於是習慣性選擇在春末夏初最良好時刻用兵攻略，於是我軍之洛陽保衛戰，便在被迫情形下展開。洛陽形勢險要，背邙面洛，東有虎牢關，西有函谷關，倚靠著黃河天險，易守難攻。抗戰以來，賴我第一戰區駐守於此，北領華北廣大之敵後游擊區與雄厚的兵力，向東向南正面與敵軍無數次周旋，日寇終未得逞，此次敵人採取迂迴戰術，不從虎牢關直接進攻，而從易於大軍運行之寶豐、臨汝一線，自側面重點進擊，我軍全力防守，致日軍久攻不下。日寇詭計多端，所以從山西企圖渡過黃河，妄圖對洛陽形成大包圍，迫使我軍對洛陽棄守。

負責河防的第四十軍，在洛陽戰勢極為緊張之際，發現敵人在黃河對岸之風陵渡，糾集船隻無數，積極作渡河之準備工作，於是在靈寶瀕臨黃河南岸集中火力，對敵展開無情的攻擊，企圖阻止敵人在這裡渡河，但日寇之積極糾集大量船隻種種作為，竟是一著佯攻詭計，實際上真心渡河地點，卻選擇在黃河稍東之下游一處名不見經傳的小小渡口「茅津渡」偷渡成功。而且渡河以後，立即搶灘擴大戰果，後續部隊蜂湧上岸，迅速佔領了瀧海鐵路線上靈寶與陝縣之間一個小站「大營」，作為橋頭堡，更迅速的沿瀧海鐵路向東進擊，對洛陽外圍形成威脅。這消息在敵人渡河之當日上午九時左右，由駐軍河防之四十軍韓鳳儀團部傳達給學校，並建議學校立刻將學生疏散，因為「大營」火車站距李曲只有四十華里，急行軍祇需四小時即可到達。而且有一條寬濶的馬路，了無障礙，情勢十分危急，當時學校各班級正在上課。教師起勁的教，學生聚精會神的聆聽，在心理上沒有一點準備，忽然聽到緊急集合的鐘聲，大家迅速奔向操場，相互詰問，到底發生了什麼大事？

校長站在操場正中，軍訓教官哨音猛吹，要大家肅靜，校長才把這晴天霹靂的壞消息即時宣佈，規定各同學先回教室收拾書籍，再到寢室收拾行李，一個小時再到操場集合，準備逃難。

異鄉逃難，不比家鄉，地方不熟，也無吃食，向那裡逃呢？所幸在西南山區，還有一個我們待過的宋曲老窩，可以暫時容身。午飯也來不及吃，學校宣佈每人發兩斤小米，各自攜帶，自炊自餐，學校是負不了照顧同學的責任啦！就這樣，我們各負行囊，枵腹上路。途中遇到一些在大營前線作戰負傷的士兵，衣衫破損肢殘臂斷，既無人護送，傷處亦無包紮，在太陽曝晒下踽踽獨行，傷口猶自流淌著血水，慘不忍睹，內心充滿不忍，無奈！但國家窮、兵制不健全，士兵與日寇拼搏受傷，竟無後方醫療機構以致落得如此下場，實在令人義憤填膺，然而區區學子自顧不暇，誠不能助其一臂之力，耿耿於懷者久之！

大約在當天下午五時，師生一、兩百人，就抵達西南叢山環抱之五畝鄉宋曲村的老校。房舍依舊，流水仍綠，只是這次又是逃難，澈底變成了流亡學生。好在校長及總務主任等均偕行，所以晚餐由學校張羅，同學尚不必操心，夜宿各班原來的教室，湊合著過了一夜，滿身疲憊伴我們通宵酣眠，因為這裡距離前線烽煙甚遠，不虞有敵蹤驟然掩至之危險。

第二天早晨，同學們正盤算著學校會不會在這兒著手恢復上課，仿效以前在太行山區一面躲警報，一面在野外上課的精神，爭取讓同學們不間斷學習的時間呢？卻突然傳來要學生集合的哨音，大家熱切的聚攏在一起，全沒有以前教官喝斥要大家整齊排隊的聲音，校長站在大家面前，面色凝重，痛苦的宣佈：這裡已是戰區，無法與主管教育機關取得聯繫，而且若干教師，已在來此之前，表明自尋出路，所以既不能在此復課。大家的生活，學校也無力繼續照顧，只有無奈的宣佈解散。

# 14 踏上流亡學生之途

校長繼續宣佈：「學校無力在經濟上幫助各位同學，不管各位循那一條路線奔向後方，除了昨天在李曲所發之小米每人兩斤外，另再加發乾糧（包谷麵饅頭）兩斤，預計可供諸位三天食用。至於逃難路線，一條自靈寶乘撞關車前往西安；另一條係自此處西行，出蘆靈關到達陝西省境，然後北行，越秦嶺至華陰，再設法乘火車至西安。不過這祇是提供各位行動一個參考，如果尚有更安全之路線，而為同學或老師所熟習者自然更好，學校希望每一位同學、老師都能平安抵達後方，並能早日獲得一個良好的讀書環境，或考入理想的大學，現在解散領取乾糧後，即行出發，越早越好，越快越好。」

隊伍解散後，我們確實有些徬徨，不管從哪一條路線奔向西安都需要路費，目前我們除了有三天的食糧外，可以說身無分文，因為去年離家時，不能夠帶多少錢，主要原因是經過日本佔領區，不能公開攜帶法幣、唯一辦法祇能將法幣藏在棉褲夾縫裡（將褲管縫線拆開藏好鈔票再縫起來）冒險攜出，一路經過陷區，雖未被敵偽發覺，但提心吊膽，總令人捏一把冷汗，抵達洛陽，林縣縣政府又每人發了補助費法幣一千元，連我所帶總共四千元，半年多來，已花的差不多了，此去西安距家愈遠，怎不叫人心焦！後來還是經過再三考慮，覺得走是活路，最後決定與同學自組逃難隊，徒步踏向蘆靈關。

選擇西出蘆靈關翻越秦嶺的同學，共越七十餘人，完全採自治方式，分成若干小組，凡同班同學或是同鄉自成一組。然後出發西行，我們已進入山區，距前線甚遠，所以已聽不到砲聲。結伴徒行倒像是春季遠足，不過心情不同。日寇侵華已將近七年，烽煙起處，往往一片焦土，弄得國人妻離子散，無家可歸，我們這些學生正值求學時期，需要安定的環境、溫馨的家園、親情的呵護和師長的教導。如今不僅故鄉日遠，親情久不聞，而且還要在這荒山小徑中背負沉重行囊，一步一顛躓的流亡，內心悲憤，何可言宣？山中行人稀少，我們這一枝學生隊伍，繞山漫行，起初還很輕鬆，時間久了，行李就越來越重，喘氣揮汗叫苦不停，行進中有人高喊，蘆靈關到了，大家心情，激起一陣緊張與興奮！

蘆靈關為豫陝兩省的分界點，山巒重疊對峙，雖一路僅通，形勢並不太險阻，越過此關即是陝西省的雒南縣境，我們到達時，大約下午四時，由於戰火日漸逼近，國軍已在該處佈防，關口大道已經封鎖，守軍兵士持槍喝令我們停止前進，另一批士兵正在搬運巨石堆置道中作實質的封鎖，後經我們推派代表與守關之連長交涉才獲通過，那個年輕的連長，年紀不過二十餘歲，從軍校畢業不過一、二年，瘦高個兒，佩有手槍，神氣十足，看了我們這一群學生，比他小不了幾歲，大家都是年輕人，攀談之下，才知他們是胡宗南的部隊，這一位年輕連長就是軍校畢業直接分發的基層幹部，先任排長，很快就升了連長聽說我們同學也有人要到後方投考軍校，便決定讓我們過關，可惜他的大名我們不曾記下來，十分遺憾！

蘆靈關乃豫秦兩省相互往來必經之道，兩側山嶺綿延數十里，我們步行在已塞滿巨石之路上，一腳高，一腳低的連爬帶走順利通過，才意識到真正成了流亡學生，過關前因與駐軍有段交涉時間，大家都休息夠了，過關後大家心照不宣的銜枚疾走，希望在天黑之前，能夠找到一個較大村庄便於歇息。雒南雖屬陝西省境，但因與河南鄰界，所以當地居民風俗習慣以及言語、衣著，和河南省無多大區別。時近黃昏，我們終於覓得一個較大的村庄，街上有幾家飯舖，我們一行七十餘人，按所編小組分別與店東商量，用我們的米代為煮飯，並供應極簡單之佐膳鹹菜，店東淳厚善良，亦同情我們這群學生，所以不向我們收取分文。

五月的天氣、已漸漸暖和，我們吃過晚飯，疲累已極，於是開始安排睡覺處所，飯舖戶舍狹窄，無法全部容納我們，所以有人就在走廊上打開行李倒頭便睡，好在鄉村還算乾淨，天氣雖已漸至夏季，蚊蟲倒不多，大家睡的十分舒服。次晨醒來，隨便吃些乾糧，立即整裝就道，今天的行程比較艱難。秦嶺在望，我們要開始翻越了。

秦嶺起自四川西北之岷山，向東伸展至甘陝，橫亙於渭水之南、漢水之北，更東延為伏牛、熊耳諸山（屬河南省境），平均高度達三千公尺，但我們所要翻越的部分係秦嶺之東端鞍部，雖然號稱西嶽的華山高兩千兩百公尺，抬頭就可看到，而我們都不需要在極高處登臨，祇需沿著山麓小道便可到達華陰，可喜大家在心理上已有所準備，所以在開始出發時，就全力面對而無所畏懼。

自從踏入流亡之途，在崎嶇山路上步行，今天是第三天了，很多同學腳上都磨起了水泡，走起路來一瘸一拐，痛苦異常，有的掉隊、有的氣喘吁吁，但誰也不敢停下來休息，因為在這偏僻的山區，人生地不熟，一旦落單，後果可想而知，所以祇得咬緊牙關鼓勇向前。雖然路途顛簸不平，而且一直在向上爬，沿途是一叢叢的矮灌木，行走一不小心，就會被樹叢上長的硬刺刺破衣服及皮膚，但大家都顧不了這些痛苦，一心一意要征服當前困境。中午時分，已爬上半山腰，找一塊較平坦處坐下來休息，並啃吃乾糧。回頭看看山下的村庄已經隱隱約約看不見了，瞻望前路，但不知尚有多麼遙遠，好在大家年少，膽量足夠，休息過後，繼續趕路，我們下一個目標正是陝西省的華陰縣。

此處雖係秦嶺的最低處，爬到頂端估計也將近一千公尺，時間大約下午四時，此後便是下坡，應該省力很多，不過當我們還未開始下山，站在草莽叢生的山頂，環顧四週，一片蒼茫，不禁感慨萬千，苦難的祖國在敵人鐵蹄下遭受無情的蹂躪，我們青年不得不流徙四方，準備和敵人作長時間的周旋，半含心酸，半含悲壯，繼續我們的前路，俗話說：「上山容易下山難」，但我們覺得下山實在比上山輕鬆許多，走著走著，天已經慢慢黑下來了，總算大夥幸運，兩天來的徒步行軍，吃盡苦頭，流盡汗水，終在萬家燈火中抵達華陰，在華陰火車站，我們將剩餘的米糧與飯館折價抵償飯錢，享受了一餐大麵和饅頭，感覺渾身舒泰，疲勞盡釋。

華陰縣係陝西省境名城，地當潼關以西瀧海鐵路之大站，著名的西嶽華山就在他的南邊，高二二〇〇公尺，一向為旅遊與上山拜佛者聖地，但道路險峻，登臨困難。我們學生的目的地是西安，所以晚餐以後，第一要務就是推派代表向火車站站長接洽火車，以期儘早到達西安。

站長真好，等到我們的代表說明來意，他立刻跑出來與大家見面，看到我們那種狼狽樣，當即答應撥兩個車廂供我們乘坐，不過沒有座位，祇能席地而坐在空無一物的車箱裡。我們高興萬分，祇要不再走路，那管站立或坐臥，於是一湧而上，把行李放在車箱裡權當座椅，那種舒適感就不用說了，有的累了就睡，戰時軍事運輸優先，儘管我們有了車箱，但火車頭不一定說有就有，運兵向潼關的兵車要先走，我們車箱直至深夜，才有機會徐徐向西開行。

火車開的很慢，每站都停，而且停的時間又久，但我們經過連續三天的長途跋涉，累得半死，上得車來倚在行李上就睡著了，根本沒有機會看看沿途風光，一直到達西安，火車不再繼續開行，我們才被站務人員叫醒。到那裡去呢？目的地雖是西安，可是真正落腳的地方，仍然是一片茫然，看看時間才四點多鐘，離天亮還有一段時間。此時臨時編組的隊伍已宣布解散，我們幾個小組成員，原以林縣同鄉為組成之主要份子，間有少數安陽籍同學如霍詩濤、劉於禮等，都還能一致行動，其中馬振田同學有一位親戚住在西安城中，但地方很偏僻，三更半夜如何去尋找呢？不得已就背著行李，沿著大街漫步前行，很想找人探尋一下，可是空蕩蕩的大街如何覓可資詢的人影？

走著、走著、天漸漸亮了，有意做早晨生意的舖子，已經隱隱約約聽到走動的聲音，接著人也走出來，匆忙的步履使我猜測到可能是趕著上工的。看看街道兩旁的門牌，原來就是有名的商業街尚仁路，馬同學的親戚好像住在東大街的一條巷子裡，我們一行約十餘人，直行至尚仁路盡頭，信步右轉，居然正是東大街。好不容易尋到了馬振田的親戚，他們卻是居住在一處矮小的房子裡，雖然還算乾淨，卻甚窄小，十幾件沉重的行李放置屋內已難得轉身，然而大家疲累已極，顧不了三七二十一，就在小院子裡，隨便找個石磴或台階坐下休息，馬同學親戚看到這許多落難同鄉，確實難以招待，女主人熱情的煮了一鍋稀飯，算是對遠道前來投奔的同鄉表示一點歡迎的心意。

飯後，主人要去上工，只留女主人在家裡，我們看了這種情況，立即考慮到須要立即另覓落腳地點。於是大家商議如何分頭自做打算，再想團體行動已無可能。

本來我們離校時，風聞西安有專司收容流亡學生的輔導處，大家再三斟酌，決定非畢業同學可到輔導處西安收容中心請求收容，本屆畢業或欲投考大學或就業者，則轉向三民主義青年團去尋求協助。我個人選擇了後一個決定。

青年團的地址設在西安北大街，我們攜著行李尋尋覓覓，總算找到了負責接待人員，不待我們詳詢，就開門見山說：「這裡祇負責接待就業青年，凡欲繼續升學者，則請逕往南院門某中學報到，然後擇期送往風翔縣，由輔導處編級測驗繼續上課及輔導。」。

我們幾個準備在西安考大學的同學，亟思早日結束奔波苦難日子，經過一陣耳語，決定說一次善意謊言，絕口不提升學，只求先行住下來再說，故一致訴求尋找工作，就這樣，我們獲准住進設在西安北大街與梁府街交界處的三民主義青年團陝西支團部的青年招待站。

招待站人員對我們新來的不速之客，照顧的無微不至，寢室設在二樓，一律通艙地舖，樓板是木質，雖不光亮、但乾燥清潔，流亡學生有此待遇，令我們高興異常。

先我們而來的若干青年，在裝飾打扮上，似乎不像學生，有來自北平的，也有來自江浙的，我們幾個林中同學一直是處在同一地方、同一學校，接觸面不夠廣泛，說真的，實在有些土氣。如今，戰爭的洪流，把我們像一片樹葉似的沖向後方，開始和不同省籍的青年朋友接觸，既興奮，又新鮮，也許從此可促使我們脫胎換骨。

就在我們住進青年招待站的當天晚上，月色皎潔，天氣不寒不暖，年來經過千辛萬苦，從前線跋涉山水，來到大後方又暫時獲得如此安適的落腳之地，內心歡愉，真是難以形容，然而正當我們歡欣鼓舞的時候，汽笛一聲長鳴，警報響了，原來敵機又來轟炸。招待所裡的管理人員，忙不疊催促大家趕快疏散，而且一再強調誰不疏散就是漢奸。我們本來在太行山區求學時，敵機轟炸，幾成家常便飯，躲警報也頗有心得，祇有離開教室或寢室，任何地方都是壕溝或掩體，可是在城市躲警報，這還是破題兒第一遭，真不知該怎麼疏散，何況環境又不熟悉，正躊躇間，管理人員又在催了，遲疑什麼？快跑，順著北大街，向城門口跑！於是我們不敢怠慢，隨著人潮奔向城外。

和我一起奔跑，始終不曾失散的是于延生同學，我們自初中一年級起，就同班同寢室，相知最深，堪稱莫逆，在這顛沛流離的時刻，二人依然相互提攜，情逾手足，抵達城墻邊上，許多人都停了下來，沿著城墻內邊蹲下休息，我們因為聽了管理人員的提示，一直向城外跑去。西安北門外是火車站，乃敵機轟炸之大目標，我們在慌亂中有此一判斷還算正確，於是偏離火車站向西邊麥田繼續奔跑，此際，敵機已經凌空，環顧四週，紅色的信號槍，此起彼落射向天空，真不敢相信，有這多漢奸在為敵機指示目標，麥田裡有挖掘的防空壕，深約兩公尺，我們跳下去伏下來，再也跑不動了。當敵機所投炸彈在附近爆裂時，防空壕兩邊的黃土嘩啦嘩啦灑了我們滿頭滿臉，幸好沒有命中，也算是不幸中的大幸。

警報解除後，循原線返抵青年招待站，已近午夜，隨便清洗一番即行就寢。次晨起床，將我們躲避空襲情形向管理人員述說，才證實他祇叫我們向城牆跑，並非城外，因西安的城墻高十數丈、寬亦十數丈，係土墻，墻下挖有防空洞，堅固安全，只要跑抵城牆邊，即可蹲坐休息，俟敵機凌空，再迅速鑽進防空洞，絕對安全。我們事前不知盲目跑出城外，飽受一陣虛驚，又惹人笑話，真划不來。

西安人生活，每日祇吃兩餐，早餐約在上午九時，晚餐則在下午四時半左右，早晚餐都是定量每人分配槓子饃一個，長約六寸，重約十二兩，係玉米粉與麵粉混合蒸製，味道還不錯，另外有黃豆芽豆腐菜一盆，由六人蹲圍院子地上共食，所喝之湯也是玉米粉加水煮成不加鹽，略有甜味，雖均係粗食，但較在林中所食，已好得很多。

青年招待站原則上規定每人在站內居住時間，以一週為限，一週以後如果尚未尋得工作，可申請延長一週，故當時被接待人員戲稱為一週大旅社。其實我們被接待的一群人中，有許多老資格已經住了一個多月以上，不過這種人並不多。我們那一批住滿兩週後，站內管理人員堅持我們必須離站，否則繼來的人將無被接待機會，這說法很合理，可是我們原計畫要考學的，必須等到考取學校時才能有落腳之地，否則離此一步即無居所，所以我們邊綑行李邊想解決辦法，也正巧，正當我們躊躇不決之際，主管接待業務的一位團部總幹事蒞臨視察，看到我們扛著行李從樓上下來，誤以為是新到的青年，面予慰問，我們抓住機會當面向他懇切陳訴困境，希望能顧念我們情形特殊，曲允延期離站。總幹事礙於規定，起初顯得十分為難，經我們一再說明，終於答應准予住滿一個月，屆期無論工作有無著落，絕不可再延。絕處逢生，令人欣喜若狂，此後我們除加緊準備考試外，應青年團的徵召，代為整理資料，繕寫冊籍，每日早餐後，由團部一職員率領到站外數十公尺的一座辦公室內工作，時間約五個小時，每人可領工資五元，我們工作得很起勁，試想一個流亡學生，食宿問題既獲解決，兼有一臨時工作，何等幸運！另一個使我們高興的是河南省政府教育廳，亦適時派員到西安撫慰留亡，凡自河南省境逃亡到西安的各校學生，均可到西安城南區五味什字街的西北中學辦理登記，經審查無誤後，每人每日可發給四十元生活津貼，直至各校復校或在他校正式就讀為止。

河南省政府教育廳發放流亡學生救濟金的方式係每週一次，我們每逢領取津貼之日，即向青年團請假，好在團裡的資料與冊籍編繕並無嚴格限期，請假通常都會照准。西安交通很落後，自然還沒有公共汽車，人口也不算稠密，所以街道顯得十分寬廣，尤其是東西南北四條大街，青石板鋪地，既乾淨，又平坦，我們住的地方是北大街，領津貼的地方在南大街的南院門附近，相距總有約十華里以上，早餐後出發，從北大街穿過鼓樓（為東西南北大街之分界點），到南大街之半再西折至五味什字街的西北中學，領款後再循原路折返，耗時約三個小時，雖熱與累難當，但為生活不得不爾。當時法幣雖在不斷貶值，但那時的四十元津貼，足供我們一天伙食之需。

每天四十元伙食費，自然祇一般平民的生活水準，有錢人一天消費多少，我們還真不知道哩！好在我們那個時候食宿無問題，所以每天領津貼四十元、工資五元，摠共有四十五元的儲蓄，可供考大學照片與報名費之需。戰時青年，政府照顧週到，社會一般工商娛樂等業，對青年學生也十分照顧，每逢星期假日可著學生制服免費到各戲院或電影院看戲及欣賞電影，當時在西安各戲院，表演比較出色的劇團是豫劇（即河南梆子），平劇則不多，著名的豫劇旦角有常香玉、湯蘭香以及陳素珍等人，可惜那個時候，對劇藝欣賞能力不高故難深入，只是湊湊熱鬧調劑一下身心罷了，對表演者藝術造詣，可說一竅不通。還有一種平民化的劇場，建築簡陋，表演者對行頭亦不講究，有的祇穿普通便服即可表演，像河南墜子、唐山落仔、大鼓等，據說與北平的雜耍場差不多，我們未到過北平亦無從比較。電影院與一般戲院相同，禮拜天可自由出入，我記得曾在西安某電影院欣賞過一部名片〈神鷹萬里〉，係描寫二次世界大戰期間，美國空軍遠襲德軍的悲壯情形，雖然是黑白片，但緊張刺激的情節，頗令人感奮！

平民劇場附近有許多簡單餐館，我等流亡學生如果由於時間關係，來不及趕回青年招待站吃飯，也偶爾在那兒吃一餐麵條，麵條也不是純粹白麵，而是麵粉與綠豆粉摻和著的雜麵條，廉價實惠，很合我們的口味。

我們在青年招待站住宿期間，正值考季，不過那個時候並無聯招，而是由各大學單獨招生，有些學校沒有完全公費，我們就不考慮投考，主要是經濟問題，因為家鄉遠在敵後，城市為日本鬼子所佔領，鄉間則由共產黨控制，交通不便，郵電也不通，家庭無法以金錢接濟，沒有完全公費如何能夠過活？我曾投考中央大學中國文學系，可惜未被錄取，後來就投考中央警官學校與軍政部軍需學校，因該兩校完全公費，不但食宿無問題，而且還有薪資可拿，畢業後工作由政府統一分發，也不愁沒有出路。還好兩校先後考畢，卻同時放榜。警官學校是正科十六期、軍需學校則是學生班第二十期，讀那個學校好呢？我躊躇了，兩校均遠在重慶，離家鄉更遠了，如何抉擇呢？不能不動動腦筋。警官是文職、軍需是軍人，取捨之間，確實難以判定。後來還是青年招待站的指導員，幫我做了個詳細的介紹分析，我才做了選擇。

指導員係黃埔軍官學校畢業，對軍需學校了解較多，所以解說得特別詳細，對於警校他則略知梗概。之後我曾到各校招生處去詢問，警校報到後，需徒步行軍三個月，經川陝公路再越秦嶺赴重慶南岸彈子石本校去報到，三個月的行軍即取代入伍訓練，肆業期間兩年；軍需學校則是先向該校西安第一分校報到，然後搭乘軍政部軍需署運輸大隊之汽車循川陝公路到重慶郊區之蔡家場本校就讀，肆業期間三年。兩相比較，需校似優於警校，另外在課程方面，警校側重政治與法律，需校則側重經濟與財政。兩者與我的興趣雖都不甚契合，但我還是務實的選擇了需校。

考取了學校，流亡學生生活自然就結束了，青年招待站的住宿時間還未到期，可是我已經決定把空出的位置讓給別人，希望每一個需要救助的青年，都有被接待的機會，同時也註銷了河南省政府教育廳的救助名額，打點行李向設在西安城南大街書院門的需校第一分校辦理報到手續，道道地地的成了一名軍人。

長安居，大不易，回想踏入西安城的那一天起，扛著行囊在街上逛蕩的那種失落感，以及獲得政府的援助與救濟那種欣慰的心情，足可以使一個人在他的整個生命過程中，鄭重的寫上一筆。如今事隔多年，若干難忘的種種切切湧上心頭，仍覺如在眼前，我們感慨於這一代人，生不逢時，學生時代即不斷的顛沛流離，同時也慶幸在中國歷史上最緊要的時刻，為國家獻出了一點點心力，亦屬不負此生。

## 15 駐腳西安的後期

軍需學校（現在的國防管理學院）是國民政府的軍政部（現稱國防部）直接設置的正規軍事學校之一，與之同時設置的尚有兵工學校（現在的中正理工學院）、以及測量學校（似已併入中正理工學院），因戰時需人孔亟，學校正大量招生，除學校本部設在重慶，從事養成教育外，另在西安設有第一分校，在廣西桂林設有第二分校。民國三十三年，全國設置三個考區，重慶、西安、桂林同時招生，我們是在西安考區被錄取的。當時參加考試者四百餘人，錄取二十七人，錄取率約百分之七，可以說相當嚴格。猶憶參加考試時，負責監考人員身著整齊戎裝，與我參加警官學校考試時，氣氛炯不相同，主考官足登馬靴，巡視各個考場時，踏地喀喀有聲，益增嚴肅，考完最後一節離開考場後，雖覺一身輕鬆，但並未抱有太多希望，好在西安北大街青年招待站還允許我們暫時棲身，心情才得放寬。

接到錄取通知，規定要在一週內攜帶有關證件到軍需學校第一分校辦理報到手續，要帶保證書一份，以證明身家清白、思想純正、恪守校規等等，這倒使我十分為難，在西安我甚少親友，僅有的同鄉在市內開了一家商號「集興成」，老闆申明不跟任何人作保，正在萬分焦急之際，住在該商店一位李先生聽到我考取學校而必須覓保才能順利入校，毅然願為我作保，探詢之下，始知他係吾師李孟賡先生次子，原亦從事教育，刻在西安待業，基於對同鄉青年關懷，乃慨允協助，熱情可感！但保證人要兩人，所以問題才解決了一半，左思右想，忽然憶及住在青年招待站時，一位少校管理員對我印象不錯，何不前往一試。見面後，經將我的困難，詳為陳述，他二話不說，當即簽名蓋章，於是我的入學保證書順利完成。

需校第一分校設在西安南大街的書院門，校舍寬暢、進入衛兵把守的大門，有一條長長的石舖大道，兩旁植有高大的、挺拔的行道樹，將校園點綴得莊嚴肅穆，而教室與學生宿舍及生活區寬暢整齊，據說此處原係陝西省立師範學校，戰時求安全已疏遷城外，暫時將校址撥歸軍用，此乃戰時常態。

報到後第一件事，是改著不折不扣的戎裝，學生服、便服等在校區不准再隨便穿著。寢室則安排在大隊部後面一間空教室中，雖然也要打地舖，然而地下方磚舖地，平坦乾爽，不像在靈寶讀中學時那樣簡陋，在心理上有一種安適的感覺。至於在飲食上，更有了極大改善。當時西安分校祇有兩種班次，一為學員班，是從各部隊、機關調訓的未受過軍需專業教育的在職人員，年齡高低不等，有三十幾歲者、亦有二十幾歲者，有的已在軍中任職多年，階級已升至校級，多數則係尉級。為使軍需作業制度化，不得不將這些軍官調訓一年，培養其軍需專業，如補給、管理等，便於制度推行，他們的知識程度從中學到大學的都有。另一個則是招考初中畢業生，受訓一年即畢業的初級幹部訓練班，人數多、受訓短，目的在充實軍中基層幹部，畢業後以少尉軍官任用，最高祇能升到上尉。學員班與初幹班之教育內容，祇重實務，不太講究理論，所以與校本部學生班之養成教育有所不同，但在管理上比較嚴格。我們住在部隊後面，與他們上課處完全隔開，互不干擾，不過在吃飯方面則完全相同。早晨稀飯饅頭小菜，午晚兩餐則是四菜一湯，雪白的饅頭，任你吃量不受限制，與我們在青年招待站每日兩餐，每餐一條槓子饃的品質，有了大幅改善，在物質生活上，甚感滿足。

由於我們暫住分校期間，是在等待入川之交通工具，完全是一個休假狀態，祇要在部隊登記便可外出購物或其他，但服裝要整齊。我們常去消磨時間處，是距學校最近之觀光勝地「碑林」，碑林者，即於集古今之著名碑刻所在地，是一個文化區域，很多碑文，多出自歷代名家之偉大著作，如唐代大詩人李白、杜甫等詩作經書法大家撰寫而刻書者甚多，如大書法家米芾、王羲之以及近代何紹基等的書法真蹟，多被保留在碑林中，供人拓印懸掛。不過有些特別名貴的，為避免敵機轟炸破壞，政府特別加以封存保護，有時僅能看到一些普通石刻，但亦可以增加我們對先聖先賢的認識，可惜當時高中剛過，孤陋寡聞，無法對中國文物有太多體認，倒是一樁遺憾！

除了碑林，城南的大雁塔、小雁塔，亦我們曾遊覽過的地方。大雁塔位於城南數公里，去一趟要兩三小時，我們無錢乘車，全靠步行，很費時，走到時不暇細細觀賞就得賦歸，祇知大雁塔建築在慈恩寺內，乃唐朝第三代皇帝高宗為其母后興建的紀念物，塔象平實堅固，歷經千餘年猶完好無損。小雁塔亦在城南，位於薦幅寺內，為武則天女皇為紀念其亡夫高宗所建，年代雖不若大雁塔年代久遠，但在中國歷史上的地位與意義，同樣永垂不朽。

# 16 準備入川

在西安候車這一段悠閒散淡的日子沒有多久，第一分校主任倪墨薌將軍（軍需學校學生班第四期畢業，曾留學日本，與重慶校本部教育長墨林翰中將是同班同學），召集我們在西安考區錄取的二十七人作行前講話，大意說：「到重慶校本部報到的諸位同學，要乘軍政部軍需署從重慶開往蘭州的運鈔車返程載運軍毯的汽車排便車，赴重慶校本部正式入學，諸同學一路除與駕駛同志行止密切配合外，對駕駛人員要客氣、有禮貌，切忌稱呼他們『開車的』，要稱司機先生以示尊重。循川陝公路到重慶，路途遙遠，雖車程祇有一週時間，但途中要休息，車輛要檢修，沿途經過成都等地，軍品要交付、卸貨，以及途中若遇到事故，難免耽延時日，估計在途中所耗時間，當在一個月左右，校本部已通知每位同學由分校墊發每人一個月旅費，使每位同學食宿不虞虧乏。至於從西安到搭車地點—寶雞的火車票，已由事務人員購妥，明日即可出發，但車隊一次祇能載搭十五人，全數的同學須分兩批前往。」當即按來校報到先後，宣布第一批同學姓名，而我正是列入第一批赴渝名單之中。

次日我們各自檢點行李，由分校派員送我們登上開往寶雞的火車，開始踏上冗長而多采多姿的旅程。

從西安到寶雞全程約兩百公里，車速奇慢，與我初次從安陽到開封所乘平漢線南下之火車，那種風馳電掣的情景，完全無法相比。

車到興平這沿途第一大站，不知火車是要加煤還是加水？但聽一位慣常乘坐這班列車的老乘客相告，在這裡停留的時間，至少二十分鐘，甚至半個小時，乘客可以下車在車站月台上輕鬆的蹓躂蹓躂，我們也好奇的下車在月台上四處張望，靠近月台的一片空地上，攤販密密麻麻，有賣玩具的、有賣日常用品的，更多是賣吃食的，像陝西的「鍋盔」——一種厚厚的大餅，用火烤得乾硬乾硬，幾乎沒有了水份，是一般民眾最佳的旅行乾糧。羊肉湯、麵條等是零食、是點心，自然也可以充作正餐，火車停留的時間，足可使人從從容容吃個痛快，好在我們上車前已用過餐飯，所以祇是瀏覽沿途風土人情而已。

興平原是一個普通的驛站，附近有一個國人皆知的小地方馬嵬坡，卻馳名遐邇。遙想唐皇朝第三個皇帝李隆基風流倜儻，寵妃楊玉環把他迷惑的七渾八素，遂每天躭於逸樂，不理朝政，導致藩臣安祿山起兵漁陽，浩浩蕩蕩，一路殺進長安，逼得李隆基遠遁西蜀，無奈到了馬嵬坡前，激起兵變，李隆基為了維持政權不墜，忍痛將他愛妃，絞殺在這小鎮上，傳為歷史上一段悽慘的故事。

楊玉環出生在河南省靈寶縣的虢略鎮宏農河畔，我在去年赴靈寶縣讀中學時，曾走過她的故鄉那僕質的黃土高原邊緣，如今事隔一年，竟然又走過她絢麗短暫的一生埋骨在黃土高原一坯的馬嵬坡前，是一個巧合，也使我們悟澈人生，原來是渺滄海一粟的千古定理。

在興平車站小憩後，繼續上路，聽著火車唬達唬達的平緩節奏，有些昏昏欲睡，大約在下午五時前，火車終於抵達了寶雞，軍政部寶雞被服廠就設在郊外。廠裡的總務課長是需校前期同學，招待汽車排的所有人員，也招待我們這些就要加入軍需行列的小老弟，除以豐盛的晚餐供應外，也妥善安排我們的食宿處所，簇新的棉被每人兩床，讓我們睡了最舒適一夜。

## 17 巴蜀古道川陝公路的起點

「蜀道難，難於上青天」，遠在一千多年前，唐朝大詩人李白就把陝西到四川的古道，形容得如此險要艱難，不知道當年李隆基為逃避安史之亂，遠遁四川成都時，如何由西安翻越秦嶺，痛苦的爬攀這一段奇險的崇山峻嶺，也許詩人們過於誇張了，使得後人讀了詩人的形容而心生畏懼，其實當年諸葛亮從四川盆地，六出祁山遠征曹魏，以後漢高祖劉邦與項羽爭霸天下，明修棧道暗渡陳倉的欺敵戰法，不都是藉著艱險的蜀道，完成輝煌戰績麼？何況經過人們千百年的挖鑿開闢，李白意想描繪的蜀道，只可以供後人臥遊與想像了。眼前我們乘汽車遠征蜀道，正說明了人類不斷進步，戰勝自然的奇蹟，就要由我們來實地驗證了，何其幸運。其實寶雞，就是陳倉縣的舊址。

從寶雞被服廠出發前，我們第一批搭車赴渝的同學，每一人被分配到一部汽車上，汽車從蘭州運軍毯至重慶的，我們學生就和押運汽車的槍兵，同處在車頂的軍毯上，露天而坐，厚厚的軍毯包裝整齊結實，我們把行李堆在平坦的軍毯上，便是最佳的座墊。卡車是敞篷的，極目四顧，可以儘情欣賞沿途風光，祇是沒有想到，一旦遇上大風大雨，如何遮蔽，當時祇看到美麗的田野、高峻的山嶺，大地無垠，初秋的陽光，曬在身上，暖和溫煦，正打算如何和我同坐車頂的押運老兵打個交道，卻看他忙著和一個商人模樣的彪形大漢，熱烈的用浙江土話不斷的交談著，讓我沒有插嘴的機會，後來他拉他爬上車頂，和我們坐在一起，方意識到他是一條黃魚，搭便車的。

寶雞是川陝公路的起點，抬頭便可見巍峨的秦嶺橫亙眼前，彷彿一座巨大的屏風，我們將翻越而過，想到幾個月前，曾經扛著行李，從豫陝交界處的南雒縣荒野，仰登秦嶺攀爬顛峰直趨華陰時，那種汗流浹背，枵腹口乾的情形，宛如又呈現眼前。不過這次不須步行，而有卡車載運，此生能兩次翻越秦嶺，而且是行經歷史上的陳倉古道，亦云壯矣！

川陝公路目前係抗戰後方西北與西南互聯之唯一公路，乃交通動脈，古代長安帝都的西南天然隘口大散關，距離寶雞不遠，此地山連山、峰靠峰，山體龐大，峰陡如削，扼南北交通要道，是秦蜀來往的咽喉，為歷代兵家必爭之地，公路緊貼著秦嶺北麓，大散關就在眼前，當我們正要穿過這西秦第一關時，不禁憶起古人的詩句：「鐵馬秋風大散關」，時值深秋，當詩人要劃時代的跨過這雄偉的第一關時，那種豪邁奔放的心情，我們此時正可契合，可惜我不具備詩人觀察入微的才情，難以吟哦出這美麗詩句。

當我們乘坐的車隊，從寶雞南向直趨秦嶺山麓時，路旁矗立著一幅高大的標示警牌「上山十一公里」。車隊開始爬坡了，公路像一條寬大的繩索，東纏西繞，時而大緩轉，時而短急彎，極為險要，與初出陳倉故道，兩旁田疇連綿，一片寧靜雞犬相聞的風光，完全不同。車隊明明是駛向同一個方向，前後距離稍遠，因道路彎曲得奇怪，就好像前車循著反方向駛來，坐在不同車上的同學，可以相互打個招呼，彷彿兩人就在左右而不是前後。如此左彎右轉，一忽兒高崗，一忽兒溝壑，就這樣山勢越來越高，氣溫愈來愈冷，翹首仰望，還是山巒遮天，真是仰之彌高、鑽之彌堅，估計此時，已在海拔二、三千公尺以上了，空氣稀薄，所幸呼吸仍極正常，並無任何不適。回眸下視，八百里秦川，歷歷在目，田疇縱橫，村落井然，涇渭二河貫穿其間，長年累月滋潤著這塊肥腴之美地，劉漢因之以成帝業。對日抗戰，也因擁有這一天然糧倉，支應著數百萬勁旅，使我們的後方補給不虞匱乏，它對國家的貢獻確實無可限量。如今我們就要奔赴抗戰聖地—陪都重慶，學習軍需補給專業，效法先賢蕭何為百萬雄師調度糧草，為國家、為社會、為個人建立一番輝煌的志業，內心便充滿了激奮，慶幸自己選擇了正確的而有意義的報國之道。

秦嶺的偉大，不祇是它的巍峨高聳，而且腹笥廣濶，是川陝水系的分水嶺，北有渭河，南有嘉陵江，把北瀉南流的江河集於一身，川陝公路便一路由北向南，攀天入壑，越崗渡水，南達成都。秦嶺雖險，但綿延不絕的山峰與河谷，又形成了無數的城郭、村落。秦嶺之巔，確實氣度不凡，從上山十一公里的頂端，回眸關中平原，固然有一種一生難得的長風萬里豪壯之感，然而放眼前景，那如波如煙的森林，與錯落有致的農田，又一一連成一片，端坐在群山夾縫間。

翻越秦嶺後，遇到第一個像樣的城市，就是鳳縣，此時已是上午十一時以後，坐在車頂的我們，經過幾個小時的顛簸，暈頭轉向，飢腸轆轆，原以為可以休息一下，吃個午飯了，但押車同志告訴我們，鳳縣沒有一個像樣的館子，依照車隊的計畫，以及他們來往川陝公路的慣例，午餐是要到雙石鋪吃的，因為雙石鋪在抗戰期間，靠著位置適中發展成一個新興市鎮，商店林立，飯莊密集，車隊人員有特定飯莊人員在等候，老闆對車隊顧客，會特別優遇的。

雙石鋪緊靠嘉陵江，因江邊有兩塊巨石，據說自古以來，洪水不曾淹過，被視為有神力，雙石鋪由此得名。中午十二點多，車隊依序排列在雙石鋪大街，飯店老闆已經站立在門口等候老顧客的大駕光臨了，顯然這一汽車排成員，已經是不止一次在這裡用餐，他們像是回到了自己的家，是那樣熟稔、那樣自然。我們幾個同學午飯是自理的，好在陝西與河南省的同胞，以麵食為主，包子、饅頭、酸辣湯等就輕鬆打發了一頓午餐。飯後隨便在街上逛逛，然後自動爬上車頂，好整以暇、等待展開前面的旅程。秋天的太陽曬在身上，像小手輕搔般舒適，翻越秦嶺顛簸的苦況，已經煙消雲散了。

從雙石鋪出發後，公路原有一小段平坦開濶又不見了，迎面而來的則是山高、岩聳，左旋右盤的山道，據傳這裡就是當年諸葛亮進出祁山褒斜古道了。少年讀三國演義，想到孔明為實現他恢復漢室的理想，踐履他對劉備的承諾，輔佐阿斗，率領蜀漢精英，艱苦的爬沿四川盆地，從漢中向北推進，志氣何等恢宏，而我們現在為參與抗戰，踏著先賢足跡，亦冀望能創造歷史新頁。

## 18 夜宿張良廟

川陝公路雖是抗戰時期大後方西北連結西南的交通大動脈，艱險崎嶇，聲名遠播，一路行來，總是在萬山峽谷間左衝右突，我們在秦嶺山環水抱中奔波了一整天，黃昏時分，車隊浩浩蕩蕩抵達了留壩縣的一個小鎮廟台子，小鎮雖小，但大大有名，因為離小鎮不遠，位於公路邊的高台上，蒼松翠柏掩映著一個廟宇──張良廟，就位在面臨高聳的柴關嶺，下臨深邃的峽谷山坳中，而我們當晚就歇宿在張良廟內，陪伴著「運籌帷幄，決勝千里」的一代偉人與革命家過了一個長夜。

幼年在課本上，就認識到這一位忍功不凡的少年，圯上老人黃石公邀約二、三次，終於迫使張良提早到達橋邊時，又以納履折騰試練，最後才認定他「孺子可教」並授給他兵書三卷，成就了張良一生事功。他看不慣嬴秦的暴虐，曾在博浪沙發揮了俠義革命精神，奮力擊殺秦始皇而未中，僥倖逃脫搜捕，後來輔佐劉邦，在亡秦和楚漢相爭中履建奇功。漢室江山底定，劉邦論功行賞，封他為留侯，可是張良有先見之明，深諳明哲保身之道，不貪戀權位，功成身退，瀟灑的離開漢高祖，從赤松子游，避開了烹殺的厄運。

與張良有同僚之誼的韓信，聲名雖同等顯赫，將兵是多多益善，貪戀權位則是當仁不讓，雖在年少時，也充分發揮過忍功，懷抱不世之才，嫌官位小，因此月夜出走，以退為進，蕭何惜才，終於把他追回，後雖受封為齊王，為漢室奠定江山，但等項羽垓下自刎，大漢天威遠播之後，他終逃不過「飛鳥盡，良弓藏，狡兔死，走狗烹」的宿命，被誅殺在未央宮中。兩人的人生價值不同，命運竟如天壤，令人浩嘆！

張良廟分成兩部份，前半部當時設施類似非正式的招待所，我們幾個學生被安排在前邊大客廳打地舖，汽車排的排長、運輸官和職工們則分住兩邊廂房，最後部份才是張良廟的原有主體，其中有甚多後世文人、墨客為懷念或推崇這當代偉人，而一代傳一代的歷年碑碣、楹聯林立，條條幅幅，充滿人生哲理，祇可惜天色昏暗，且無電燈（抗戰時山區尚無電燈），無緣亦無暇欣賞，真是莫大遺憾！

# 19 褒姒的故鄉

次晨，拜別張良廟，車隊沿著發源於紫柏山的褒水河谷，一路疾駛，宛如飛馳，兩邊青峰挾峙，崖陡山高，風聲呼嘯，如入無人之境，押車同志原亦默默無言，此時忽提高嗓門，手指縱谷盡頭一片濃郁的綠色茂林說，那就是褒城。但我們並不經過城內，就要從它的旁邊東向，而開始爬山了。褒城乃褒斜古道的入口處，而褒城則是歷史上名女人褒姒的故鄉。據傳說，她的出生地就在褒城以北，約二十華里的褒谷內的褒姒舖上，那是個出美女的地方，褒姒就是那裡人，她和楊貴妃都是出生在荒涼的鄉村，或深山峽谷中，俗語說：「深山出俊鳥」，難道真是如此麼？

「一笑傾人城，再笑傾人國」，這是我們讀歷史時，對美女誤國所得的共同印象，於褒姒尤其如此，當她被周幽王納入深宮起，她就不曾笑過，不管用什麼方法，即使她喜歡的裂帛之聲，也不能經常維持她的笑顏，幽王不思治國之道，祇想博取褒姒一笑，終於有一天挖空心思，想出了烽火戲諸侯的妙計。雖然贏得了寵妾的燦然一笑，卻從此丟掉了整個江山，國內有如此昏君，能不令後世讀史者掩卷三嘆！

川陝公路最艱難的一段，就是從褒城斜道入口東向，攀登的巨大而陡矗的柴關嶺，開始上山時，坡度尚小，但越爬越高，坡度也越來越陡，粗略估計大概幾達四十五度，此時忽見山頂彤雲密佈，風聲颯颯，閃電與雷聲倏忽掩至，大雨傾盆，我們尚來不及扯起雨布遮雨，而全身已被驟雨淋濕。泥水順著坡道，像小溪流向下淌瀉，使山坡滑度增高，而我所乘的那部卡車吃力的發出嗚嗚的叫聲，但爬著力還是不夠，居然慢慢向後倒退，司機先生聲嘶力竭喊著：止滑！止滑！正當這千鈞一髮之際，押車的浙江老鄉二話不說，不顧危險，提了一根約三、四尺長的方木，從車頂一躍而下，迅速繞道車後，把方木橫塞在不斷下滑的車後輪下，卡車才停止後倒下滑，司機先生及其助手方有機會迅速調整剎車，挽救了卡車倒滑墜谷，挽救了車上人員及貨物一起犧牲的命運。此時大雨仍如傾盆的下著，泥水從柴關嶺的陡坡上汩汩的流淌著，轉眸回顧，在萬丈深溝的底部，影影綽綽躺著殘破舊車身兩三部。據說那些散落著卡車殘軀，就是從柴關嶺陡坡上，因故障而摔落下去的。聞之心中更加恐懼，好在雨勢逐漸趨小，烏雲罩頂的氣勢也逐漸開朗，駕駛人員花了將近半個小時的檢修，卡車回復了爬坡的動力。我們雖被雨淋，總算只是虛驚一場，雨過天晴之後，我們越過了柴關嶺的制高點，面前出現了一段彎曲而平緩的頂端風光，每人的臉上都展現了歡笑，內心慶幸渡過了一個災難的關口。

車隊在高山竣嶺間繞行奔馳，連綿數公里，好不威風。此時忽瞥見十餘個與我們年齡相仿的青年，緊緊靠著山崖，稀疏成列，遲緩的向前邁進，每人斜背著一條軍毯，已為大雨淋濕，表情呆滯的舉手與我們招呼，詢問之下原來他們正是警官學校的入伍生，從西安考區徒步行軍三個月，到重慶長江南岸「彈子石」本校報到，現在正以長途行軍代替入伍訓練，假如我在西安亦選擇就讀警官學校，那麼此時正和他們一夥蹉著現在艱苦的跋涉步調，心裡便自然感到我不曾選擇警官學校為一件至可寬慰的抉擇。

川陝公路北段纏繞在秦嶺的重重疊疊萬山叢中，深谷高山，俯仰終日，但一生能欣賞到如此偉麗的山水，也是一種難得的際遇，李白大詩人筆下的蜀道，難於上青天的險境，竟然就讓我們征服了。

柴關嶺東南行不遠就是五丁關，它是古蜀道上陝西境內最後一個關口，傳說中，秦惠王欲攻蜀國，苦於無路可走，於是設計一項權謀，佯稱要把五條能拉金塊的石牛送給蜀國，蜀王派了五丁拉牛回成都，秦惠王派兵尾隨五牛經過的道路滅蜀，此條古道便被命名為金牛道，而關口則稱五丁關。

五丁關再向前行，公路陡勢逐漸趨緩，山嶺諸峰也沒有那樣連綿不斷的擁擠，車陣一路向下，車速自然加快許多，中午時分抵達陝西省境最後重鎮寧羌，中飯就在寧羌城裡吃過。城鎮位於山嶺凹處，街道雖不寬濶，但平整有緻，車隊仍依序排在街道兩側，我們各自尋找自己喜愛的麵食或米飯，同行的幾個陝西籍同學習慣麵食，常在同一飯館來一碗麵條、幾個燒餅，即可打發一餐，異常節省，但車隊官兵一行多為浙江籍，每至一地，照例有熟識的規模稍具的大飯館，蒸炒一大堆菜餚，供他們好好享受一番。這天在寧羌，也不例外，當車隊官兵尚安坐飯館大廳，等候上菜上飯時，街道一陣劚啪的槍聲，把大家嚇了一跳，飯店、商家、紛紛關門，顯然外邊發生了大事，大家正在猜測到底如何時，槍聲逐漸稀疏，旋即停止。汽車排長較有膽識，轉請老闆開門，衝出門外查看究竟，各商店人員在槍聲沉寂一段時間後，隔著大門的門縫探頭外望，確定街頭秩序逐漸平復後，才又重新把大門打開，到街上探詢消息，過不多久，汽車隊長帶著幾個槍兵，從街的一段慢慢走來，告訴大家事已平息，原來向成都去的車隊與自成都開來的車隊，在停車時發生了一些小小磨擦，雙方押車人員一言不合，發生了衝突，各持步槍向空鳴放，以壯聲勢。後經雙方派人協調，原來都是同一單位人員，經彼此解釋誤會後，一場紛爭始告平息，汽車隊長並邀對方同到飯館共餐，使大家受了一場不必要的虛驚！

寧羌原來是古時的羌族居地，歷史所稱之匈奴、鮮卑、羯、羝、羌，即所謂五胡亂華那一階段的羌族之一支聚居處所，故遠遠望去、市外的山邊半坡上，依然保留了羌人的祖先所慣常居住的石屋，無論平房或樓房全部以石頭砌成，其堅實牢固，數千年仍能屹立，住在那裡的人們，頭上大都纏著七尺長布，像鳥窩一樣，據傳，此為裝飾打扮，十足的羌人遺風。寧羌乃陝南重鎮，地處咽喉地帶，嘉陵江繞城急流，就像是護城河，車隊官兵，尚在餐館進用午餐，我們同學在寧羌大街上蹓躂一陣，很想多了解一下當地風俗民情，看到當地居民的吃食衣著，大多與關中一帶相同，不過吃麵與吃米的比例，已有頗多差異，也就是「鍋魁」一類的硬餅，逐漸為大米所取代，而辣椒的普遍與重要，好像較關中更勝一籌。

從寧羌繼續前行，是沿著山壁伴著嘉陵江的一處令人心驚膽戰的艱險行程，路是鑿山成空的半空遂道，亦可稱之為開放式隧道，因貼山道路都無法開闢，只好就著山腹向內挖出一條通道，有時左邊開放，有時右邊開放，車在山邊頂著山岩，一邊緊臨深不可測的滾滾嘉陵江水，叫人目眩神迷，想來古時棧道也是如此興建的，不過沒有在山腹內挖，而是貼著山壁架設木板通道罷了。所以可用一把火把它燒掉，在軍事上足以斷絕後路或防敵追擊，而這種開放式隧道，不大容易破壞，車隊行經此段要放慢速度，謹慎前行。嘉陵江像一條活龍，因著地勢的起伏，忽而穿越深山，闢開一條通道，奔騰怒嚎，像征服者一樣，萬山難當；有時在寬濶的河道上，舒緩的流淌，像一位謙謙君子，為文人雅士，提供作詩的素材。在平流處，人們搭起簡易木橋而過，不但為居民生活提供通行的方便，更顯得富含靜謐之美。

初中讀地理，知道嘉陵江遠在四川，迄邐南行，浸潤著廣大的四川盆地，成就了天府之國的富庶，從高山直瀉盆地，注入長江，總認為它有一份神秘而遙不可及、如今戰爭的洪流，把我像一片浮萍沖激到它的懷抱，竟然與嘉陵江相偕行，一路走來，心胸開朗不少，難道這也是一種宿命？

# 20 俯瞰廣元

從寶雞出發，到現在行程已逾千里，時近兩天，翻閱秦嶺的多重山峰，上上下下，曲曲彎彎，沿途景色固然令人目不暇給，而顛簸折騰也足以令人膽戰心驚！此刻已行駛到秦嶺的南巔，從這裡俯瞰川北重鎮—廣元，像一樽盆景端置在大方桌的中央，四週平疇綠野，花團錦簇的圍繞著，美麗極了。兩天來，在山叢中翻滾，一旦把偌大的山堆，拋棄在背後，眼界為之一開，心胸為之一放，完全是兩個世界，兩個天地，浮雲偶爾飄過，自雲縫中窺視，又有一種朦朧的美，夕陽西斜，返照這一塊瑰寶大地，蒼蒼茫茫，為廣元增添另一番豪邁氣概。汽車隊開在一無攔阻的平坦公路上，宛如憑虛御風，不知所止。押車同志告訴我，廣元快到了，今天晚上，將依例在廣元過夜。川陝公路最艱難的一段，平安的渡過，前頭仍然有山路，但沒有柴關嶺與五丁關那樣陡峻，今夜、我們將有一個酣睡的好時光了。

廣元乃川北的大城，前清置府，民國以來則為行政督察專員公署所在地，扼川北之交通樞紐，經濟、政治、文化中心。民眾語言與秦嶺以北地區有了顯著差異，服飾也一樣，還沒有進入冬季，不少男女已著上長衫了，唯獨腳下，則赤腳草鞋者多，四川較富庶，而民眾衣著則似不夠講求，不過頭頂裹著鳥窩似的一大塊長布，倒是另一種特色。當晚我們住宿在廣元市，聽說該市附近有許多可供遊覽的古跡，可是我們這些窮學生無緣前往，何況乘車一整天，還是十分疲憊，睡覺休息比什麼都來得重要。

次晨，車隊整裝待發，負責人對每部汽車都親臨檢查，然後下令開拔。廣元向西南進發，固一溜平川，坐在車頂的我們，頗感輕鬆，但沒有多久，高山竣嶺又遮阻了視線，名聞遐邇的劍閣天險，就橫亙在面前。早些年讀三國演義時，對張翼德守劍閣印象極為深刻。張飛是一員猛將，追隨劉備打天下，曾立下不少汗馬功勞，湖北當陽一戰，怒吼聲把橋樑都震跨了，雖說羅貫中的小說寫的有些誇張，但刻劃張飛的勇猛，則活生生令人讚嘆！

就當劉備取得益州，政權逐漸穩固以後，諸葛亮南征北戰，遭遇了若干致命的挫折，於是戰略暫時改變，從攻勢改採守勢，把最重要的益州北方大門劍門關，派定威名夙具的張翼德老將軍駐守。以老將軍的威名遠播，而劍閣的地勢險要，有一夫當關，萬夫莫敵的自然防禦功能，以諸葛亮的知人之明，簡派張老三（桃園三結義的三弟）駐守，自是綽綽有餘，可惜張飛生就老粗性格，勇猛有餘而統禦長才缺乏，部隊閒散既久，軍紀難免鬆弛、所以在他整裝為關羽復仇出發之前，為他的部下所殺，這也是蜀漢集團逐漸式微之前兆。歷史的發展如此、無論諸葛亮曠世奇才，好像無力挽回。後來孔明的接班人姜維，頗能實踐老師亦長官的諸葛亮遺緒，派兵駐守劍閣，阻遏了魏軍十萬精兵，卻擋不住鄧艾另一股軍力，偷渡陽平而直取成都，蜀漢昭烈這偏安一隅的政權，就此灰飛煙滅，而諸葛亮當年那一篇政略與戰略的偉論「隆中對策」，也成了千古絕響，直令人掩卷三嘆！

從廣元穿越劍閣向西南前行，已逐漸接近成都大平原，公路平坦，河流縱橫，兩旁的田野、房舍，和北方大異其趣，水田連綿，房舍稀落，不像北方農村那樣百家聚居，農舍相連，雞犬相聞，而居民的服飾，也別具特色，男性頭纏白布，身著長衫，打著赤腳在田野裡工作，似乎沒有在關中一帶的農民幹起活來那樣乾淨俐落。我開始感覺離家鄉越來越遠了，而心境黯然與興奮兼而有之，複雜極了。

劍閣與梓潼相距不遠，汽車駛進梓潼大街，並沒有停止休息，但我在車頂下看，卻第一次看到平生不曾看到過的農產品甘蔗，一位婦人在竹籃裡擺著半尺來長的甘蔗節在叫賣。小學課本上曾介紹「甘蔗莖中多糖汁，是製造食糖的原料」，但並沒有具體形容甘蔗的樣式，更無圖片可供參考，今日看到了叫賣甘蔗的農婦，才真真實實認識到甘蔗未製成食糖前，原來可以生吃的，可惜沒機會下車買來品嚐，想來到成都總會有機會買到，也就不以為意了。

# 21 綿陽渡河遇險

綿陽與廣元同為四川的重鎮，廣元靠嘉陵江的環繞與滋潤，在川北的盆地邊緣造就了它的富饒，也成為川北的大門和軍事重地。而綿陽則賴涪江從它東邊流過而增進了它的地理價值。綿陽在唐朝時稱為巴西，是金牛道通大巴山進入平原地區的第一大城，當劍閣南來孔道，近各縣貨物多在此集散，農產富饒，交通輻輳，祇可惜缺少像樣的橋樑，渡河工具仍賴擺渡。汽車渡河一次僅可擺渡兩輛，一個汽車排大約十五至二十部汽車，一次渡河，順利的話至少要兩個小時。

那天上午，大概八、九時左右，車隊駛至涪江渡河口岸，看著寬濶的江面，波濤洶湧，且正值秋雨過後，涪江的水由澄清轉為渾濁，應該是平靜無波的江面，因江水混濁而顯得氣勢嚇人。汽車渡江工具祇是一個巨型的船狀平台，須穩穩的靠在渡口，以繩索固定。一個平台大約可容納兩部卡車，平台固定後，再從平臺上放下兩塊木板作為引道，木板引道以十五度傾斜連接陸地，卡車循此引道謹慎的徐徐駛上平臺後，發動裝置在前端的馬達，溯河而上斜行至江面適當位置，然後調準方向，讓馱著兩部大卡車的平台，順流駛向江的對面渡口，然後再將引道用木板放下，讓汽車依序駛上陸地，所以駕駛人員技術必須十分純熟老練，否則極易偏離引道而發生上船與下船的墜水事端。

事情就有那麼湊巧，我所乘的那部汽車偏偏就在駛向擺渡大平台時，出了差錯，司機先生是老資格，技術原屬一流，押車士兵對他充滿信心，所以當汽車向平台挪移時，我們並未下車。誰知木板引道，在放置的陸地一端，沒能檢查固定，當汽車前輪剛剛駛上平台邊緣時，左後輪因引道著力不平衡而陷入江邊泥淖中，汽車當即嚴重傾斜，我與押車士兵差點從車頂掉落水中，好在是在江邊，車隊人員幫忙把我們從車頂攙扶下來，站在汽車旁，待矯正引道，順利擺渡到彼岸，再行上車。

事後想想，這次渡江遇險，雖係小驚一場，壞就壞在自己太懶，也太相信押車同志的建議，沒有從車頂爬下來，所以遭此不測，我生長北方，沒有對水的生活經驗，雖然小時也在洹溪橋畔，看表兄們戲水，但無膽量親近水，更不懂得游泳，倘若此次不幸落水，面對滾滾涪江，祇有隨波逐流，一命嗚呼的份兒了，如今想來，猶有餘悸！

綿陽位於四川盆地的西北部，距離成都不遠，在這裡沃野平川，氣候宜人，雨水充沛，四季常青，深秋時節，氣溫還有些燠熱，當地風俗民情，倒十分良善，我們當日在綿陽市午餐，所有商家均操四川官話，聽起來有些怪腔怪調，但大致可以聽懂，祇是尾音拖得較長，讓我這個北方人乍聽有些不習慣。

陝西同學許希奇與我進了一家普通飯館，點了大米飯與小菜，以及一道菜花湯，就是現在常吃的花椰菜，我離家鄉以來，一直吃著麵食，雖然也偶爾吃大米，但入川後還是第一次吃米飯，尤其做湯的花椰菜，吃起來那種特殊味道，著實難以下嚥，因為菜飯是許希奇同學主導點叫，我也祇好將就食用，不過那餐飯吃的不大適口，至今難忘！

## 22 時近中秋抵成都

綿陽距成都一百餘公里，戰時卡車並不十分精良，但行駛速度再慢，駛抵成都也不過半天時間，那天氣候清爽，四野稻田已收割完畢，天府之國以成都足可代表，雖然對日抗戰正酣，然而沃野千里的成都，似乎看不到戰爭的跡象，這也許就是大後方安如磐石應有的景象罷！

成都雖地處西陲，但因地理條件好，所以被開發的時間極早，遠在秦漢時期即有顯著的開發紀錄，秦朝大將李冰父子為改善當時的農民生活，大規模興修水利，建成有名的都江堰工程，不獨解除了連年水患，而且帶來了航運和水利事業的興旺。時至今日，更使觀光事業為成都平原增添了不少的觀光收益，凡到過成都的觀光客，無一不把都江堰作為必到的旅遊景點，這大概是李冰父子當年窮畢生之力興修渠道時所不曾逆料到的。

成都是對日抗戰的大後方，也是一個大糧倉，不祇支援抗戰的給養支柱，鹽也是一項大宗支援的物資。自流井的鹽供應軍民之需，使得大西南雲貴地區，均不虞匱乏。我們抵達成都之日，正值中秋前夕，汽車排從大西北蘭州運來的軍毯及其他軍需品，百分之八十要在這裡交卸，汽車排人員原先從重慶出發，一次出差要兩個月，回到成都，公差任務即將完成，要乘機輕鬆一番，所以奉命在此地歡渡中秋，假期長達一個星期，個個興高采烈，將一身沾滿油污的工作服脫掉，穿著畢挺的西裝或整齊乾淨的中山裝，決心要享受這難得的假期，我們學生祇得配合耐心等候，但趁此機會，在這號稱與北平相彷彿的名城，遊覽見識一番，也是一樁難得的美事。

千百年來，在歷史的紀錄中，戰爭佔了很大的篇幅，不過戰爭多發生在中原地帶，所謂逐鹿中原是也，與被萬山千水隔在一隅的成都，則相對的安定太平。劉備當年為了發掘人才，三顧茅廬之中的諸葛亮，最後獲得孔明的首肯，在隆中提出了剖析宇內的歷史趨勢，及其如何具體實施的對策，即明白宣示：「……益州險塞，沃野千里，高祖因之以成帝業……此殆天所以資將軍，將軍其有意乎？」可見四川盆地，多少英雄豪傑，早就看中了這塊肥沃之地，要作為建功立業的腹地。後來劉備如願取得益州後，戮力經營，穩定了蜀國政權，後雖南征北戰，而後方的成都始終安定。由於它的先天條件優越，歷來成為文人墨客薈萃之地。漢時的司馬相如和楊雄、唐代的李白、杜甫、李商隱和宋代的三蘇和陸游，都曾在這裡創作了千古不朽名詩與佳作，可見地靈則人傑，誠非虛言。我在剛上高中時，國文老師李孟庚先生，為我們講述一篇近代文人羅念生所撰〈芙蓉城〉一文，對成都風光介紹得生動詳盡，今天有幸親臨這號稱芙蓉城的成都，機不可失，應該好好領略一番。

四川同胞聰慧睿智，吸收外來文化認真而迅速，遠在秦漢時期，從盆地外傳來的新知，一經接觸便被灌輸在腦海深處，李冰父子的水利知識，創造了農業的改良與發展，戰國時期的鹽鐵興國理論，也在他們的腦海裡生根發芽，因而成就了天府之國的響噹噹名號，抗戰軍興，政府自沿海地區，更攜來了諸多硬體設備以及人才，不數年間，已於抗戰的大後方，蘊蓄了取之不盡、用之不竭的物資支應，都是四川同胞無私無我的奉獻，共同努力的成果。如今的成都不但是四川省會，耀眼國際，更與戰時的首都重慶，互為犄角，建立了戰略的有利形勢，而在都市建設方面，也同樣自然形成一片繁榮景象，這是我們初蒞此地，即從報端的報導所獲得的第一印象，因而下定決心要花些時間一瞻其真實面貌。

報章刊載成都很有北平的風味，我未曾到過北平，無從比較兩地異同，還是先遊成都罷。成都市容平靜恬適，第一天先在小吃林立的大街上走過，最惹眼令人嘴饞的莫過抄手，抄手就是餛飩，和北方的餃子差不多，用麵粉作成，薄皮、裡面包餡，煮熟連湯吃，也有拌以麻辣紅油，不帶湯乾吃的，我們當然想嚐嚐鮮，因為一碗餛飩價錢與普通陽春麵貴不了多少。至於其他各類小吃，名目繁多，不可勝數，大多味辣，我們並非饕餮之徒，逛一逛就滿足了，經濟能力也不容我們一一品嚐。另一種風光，使我印象深刻的是茶館。四川的茶館，簡易而寬暢，可以半躺半坐的竹椅子，從店內擺到店外，甚至擺到街道上，黑壓壓一片人頭，座無虛席，大家高談濶論，噪雜紛亂，當地人稱這種場面叫「擺龍門陣」，據說、茶館也是調解是非的場所，人與人之間，如有任何糾紛，祇要地面上有頭有臉的「紳糧」出面，邀約雙方吃茶聊天，勸雙方互諒，再大的樑子，片言仲裁，即可輕易化解，茶館的妙用，著實有其存在價值，也凸顯了社會調和的深刻意義。

接著幾天，我們參觀了成都市最著名景點「少城公園」、「武候祠」，「杜甫草堂」等處，但所獲印象，仍不如我在高中一年級所讀羅念生先生所撰〈芙蓉城〉一文中所描繪的深刻、生動，迄今想來，仍覺羅先生這一大作，主宰了我對成都的全部印象，如今有機會加以印證，更勾起了我對羅文的片段記憶：

燕京城像一個武士，雖是極盡雄壯與尊嚴，但不免有幾分粗魯與呆板，芙蓉城像一個文人，說不盡的溫文，數不完的雅趣。芙蓉城的地基，相傳是西王母大發慈悲，用香灰在水面煉成的……掘地三尺，便可見水，好像曆城一樣，到處都是水源。這城在一個高原的盆地中央，四圍環繞著蓊郁的千山峰，西望灌縣的雪嶺，猶如在瑞士望阿爾卑斯山的雪影一般光潔。春天來時，山上的積雪融化了洪水爆發，流到一個極大的堰內了……堰內的水力比起奈阿格拉瀑布的還強，磨成水電，全省可以不燒柴炭，從這堰口分出幾十支河流，網狀般薈萃在泯、沱二江，芙蓉城就在這群水的中央。穀雨時節，堤邊開放一道水門，讓清亮的雪水，流下盆地給農家灌溉，這些農田多是方方塊塊的，有古井田遺風……這兒的土壤很肥沃，一年計有三次收穫；今天割了麥，明天便插秧，眼見黃金換成翡翠。這兒也許冷，但冷的不讓結冰；也許吹風，但不准沙石飛揚；也許有塵埃，但不致污穢你的美容；這兒雲多，雲多是這兒的光彩，「錦屏雲起易成霞」，所以南邊的鄰省叫做雲南。芙蓉城對穿九里半，周繞四十里，從孟昶開端，城上遍植芙蓉，碩美鮮豔。「二十四城芙蓉花，錦官自昔稱繁華」。中央有少城，也有一座煤山，西南角石牛寺，旁有塊支機石，高與人齊，略帶青紫，相傳是織女的布機墜下人間；還有一塊尖銳的天涯石，生在寶光寺，象徵遠行人的壯志。……東西郊外可尋訪相如的古琴台，在市橋西岸，也就是文君當壚滌器的地方……東關外有望江樓，不亞於黃鶴樓的舉目空曠；前人有半邊對字，缺少下聯，「望江樓，望江流，望江樓上望江流，江樓千古，江流千古。」旁有一口古井，每個名士、每個遊人都要取點井水來品嚐；由於才女絕色的薛濤的香魂潛沒在井中，所以這水就香豔名貴了。江上（錦江）頂好玩是端午的龍舟競渡，名士、美人、觀客重重疊疊聚在江邊；耳聽火炮一響，龍舟鳴金擊鼓奔向彩舫；忽然一隻酒醉的水鴨，從舫上飛下，群龍怎樣奮勇也擒不住它。錦江上盛產一種美味的墨魚，相傳東坡洗硯臺染黑了的……南郊不遠就到武侯祠，祠有幾抱大的古柏，傳說是孔明親手植的，恍惚像孔林的枯檜。這老柏有些靈怪，不逢盛世，不發青枝。祠內竹林修茂，氣象森威，先帝的衣冠塚像一個山頭，橫斜著楠木幾本，正殿上有副匾聯「三分割據紆籌策，萬古雲霄一羽毛」。殿旁古式的草亭裡，存放著「空城計」彈用的古弦琴，亭周題滿了名句，還記得幾字：「問先生所彈何調？居然退卻十萬雄兵。」想司馬氏見了，當如何懊惱。到如今依然是祭祀隆重，時有過客瞻拜；廟宇重修，正梁是千里外運來的一根烏木。南門口有一道長拱的石橋，很像頤和園的十七洞橋，「萬里橋西一草堂」，寺門很古雅，兩旁題著：「花徑不曾緣客掃、蓬門今始為君開」。你見了也必心中榮幸，充滿了無邊的詩意。石砌上的苔痕，垣牆外的野草，虯幹的古梅，清幽的竹徑，都是杜公從前的詩料，堂前有一方很深的池塘，塘內養著許多魚鱉，有的白鯉已長到丈長，如果你拋下一塊麵餅，那些魚會成團起來吞食，嘴皮伸到水面有茶碗樣大，吞起東西來通通的響。一個暮春的晚上，杜公在池畔吟詩未成，忽覺青蛙叫得煩膩，他用朱筆在蛙的頭上點了一點，封他到十里外去喚哥哥，所以如今草堂寺的青蛙頭上，有一點紅痣，逢到四月十九浣花節，你可邀約良朋，泛舟到草堂，擺一台浣花晏，醉酒賦詩，極盡雅人雅事。出寺不遠，就到百花潭，又叫浣花溪，水涯竹木叢生，天然幽韻，這溪水用來濯錦，格外鮮明，薛濤曾取這水製造十色箋。百花潭水即滄浪，後人因愛慕這名句，在溪邊的柏林裡年年春天舉辦花朝會，全省的花卉寶器都送到那兒賽會，遠近的人都愛到那兒觀賞。城內的戲園、茶社、酒肆、商場和音樂、武藝、球戲等娛樂都移到花會去。見天有成千成萬的遊客觀花玩景，會場內笑聲與管弦合奏，美色與名花鬥豔。婦女們更有別樣的心事，進青羊宮道院去摸弄青羊，許下求嗣的心願。你高興可以到處遊玩，有何首烏、有靈芝草，江安的竹器，精巧玲瓏，峨眉山的嵋尖，清甜適口。倦了，你踏進酒家，酌飲幾杯，別忘了當壚的美人。醉後，你醺醺的在十里花圃中息芳香，看美色，這豔福幾生修到！

芙蓉，你的自然美妙，你的文藝精英，我還不曾描出萬一，願你永葆天真，永葆古趣，多發幾片綠葉，多開幾朵鮮花，別給樓高車快的文明，將你污穢了，芙蓉……。

以上是我對羅念生前輩遊歷成都的散記與描繪概括的記憶，雖非羅先生大作的全部面貌，但相信我的記憶，百分之九十以上是無所遺漏的，我們同學也曾按照當地人的指點，到各風景點實地走訪，但觀察與認識總不如羅先生的深刻、細膩！

成都除號稱芙蓉城外，又名錦官城。錦官原係掌管制錦的官吏，相傳劉備在益州稱帝，政府收入多依賴蜀錦，即使諸葛亮六出祁山遠征曹魏，所需的龐大軍費，也以蜀錦通過絲路外銷中東的貿易所獲為大宗，可見蜀錦在蜀政府的財政收入上是何等重要。又據華陽國誌：「成都有大城少城，少城在大城西，即錦官城也。錦江織錦濯其中則鮮明，他江則不好，故名曰錦里。」於此可知錦江在成都，亦有其不容抹殺的價值。

唐朝大詩人杜甫曾在成都建有杜甫草堂，他在當時的生活並不富裕，草堂建築大概也相當簡陋，經不起風吹雨打，所以他曾有「八月秋高風怒號，卷我屋上三重茅」以及「安得廣廈千萬間，願庇天下寒士盡歡顏」等足以震撼人心的佳句。他不但是一位了解民間疾苦最深的詩聖，對於治國能臣也有很高的評價，在歷代諸葛亮祠堂的詩篇中，也寄以極深的感慨：「丞相祠堂何處尋？錦官城外柏森森。映街碧草自春色，隔葉黃鸝空好音。三顧頻煩天下計，兩朝開濟老臣心。出師未捷身先死，長使英雄淚滿襟。」。

諸葛亮在羅貫中的眼中是一位曠世奇才、當代英雄，凡讀過三國演義的後世人，莫不對諸葛亮寄以極高的崇拜、尊敬和惋惜！認為他是可以改寫漢代歷史的關鍵人物，然而歷史的發展往往難如多數人的期望，我們到成都市南郊遊覽武侯祠堂，便不約而同發出同樣的感喟！

留在成都約一週時間，除過中秋節外，最常去遊覽的地方就是少城公園，公園內最顯著的建築就是望江樓，因在戰時，政府除彈精竭慮籌措支援抗戰所需的物資外，甚少用力在公園內的遊覽設施與休閒的景觀上，所以僅能保持其自然景觀，像望江樓週邊的荷池，就格外引人矚目。雖然時令已晉入中秋，但四川氣候溫和，所以若干背風的地方，仍有風姿綽約的荷花，在陽光中綻放著艷麗的容顏，擺蕩搖曳，成群結隊的魚兒在荷枝四週穿來穿去，構成一幅生氣昂然的大塊文章，使我不禁憶起一位詩人的不朽佳句；「江南可採蓮，蓮葉何田田。魚游蓮葉東，魚游蓮葉西，魚游蓮葉南，魚游蓮葉北」。

這些詩句讀起來似有些煩瑣，然而細細琢磨，便覺是一幅畫，生動而又活潑。民初作家魯迅在他一篇散文中說：「……我家院子裡有兩棵樹，一棵是棗樹，另一棵也是棗樹」。其筆法與古詩人如出一轍。

## *23* 眺望戰時首都——重慶

在成都盤桓了一個禮拜之久，旅途勞頓的疲態，一掃而空，汽車排的人員把整潔的西裝脫下來，精神抖擻的重新著上工作服，每一部汽車也經過短時間保養整修，馬達響起來聲音似乎比在高山峻嶺間還要清脆悅耳。我們依依不捨離開這貌似文人雅士般的成都，奔向戰時首都重慶，也是我們到校報到的最後一段旅程。天氣晴朗，陽光普照，金風送爽，通體舒暢，我們坐在車頂欣賞著週遭的風光，田疇萬頃，村屋處處，一派江南風光，汽車奔馳在成都大平原上，自是另一番美景。出現在眼前的不再是山嶺、雲層，展望前程，平坦舒順，心情為之一振，汽車的速度似乎也較以往加快了許多，然而成都距重慶尚有一段漫長的旅程，如以車程計算尚需兩天。從陝西省寶雞出發到現在已經二十幾天，這最後兩天的車程著實算不得什麼！何況要就讀的學校就在眼前，所以心情有些亢奮，彷彿這美麗的校景，伸手就可以觸摸得到，幸福正等待著我們去享受！

自成都東向，首站即達簡陽，再前為資陽，此一地區乃四川盆地之底部，因四川省周圍高山環繞，夏季熱氣難消，加以風力微弱，盆底地區夏季酷熱如焚，現在雖是涼秋九月，然而氣溫有時仍有些燠熱，太陽光照射身上，令人不爽。由於氣候特殊，所以雨量特別豐沛，很少有旱災，不但夏季多雨，而秋冬亦然，所以初離成都時，陽光普照，但到午後，一陣薄霧飄過，霽霽細雨又舖天蓋地而來，好在我們預定的行程並不急著趕路，薄暮時分，抵達內江，內江為成渝公路之中點，汽車排每次公差，大多在此要歇宿一夜，此次亦不例外。

內江在四川亦是較大城市之一，因居成渝公路中點，商賈輻湊，在當時市況可謂相當繁華，由於在成都遊樂太久，且僅在此歇宿一宵，沒有一點到街上見識的興致，所以儘早就寢，祇盼明日快快抵達重慶，好及時結束這一段艱苦的旅程，展開另一頁的新生活。

自內江出發不及半日，氣候即漸次轉變，風和日麗的成都景象已不復出現，薄霧細雨籠罩四週。重慶號稱霧都，我們在報章已讀過無數報導，想不到距離重慶尚有數十近百公里的週遭，已約略可以瞥見它的大致面貌了。眺望戰時首都遠景，心境難免有些抑鬱，好在入川之前已有心理準備，薄霧微雨，仍然掩不住抵達重慶的興奮心情。重慶在地理位置上，在四川省的南部，地當長江與嘉陵江的會合處，秦漢時為巴郡，隋唐為渝州，故簡稱渝，宋以後始有重慶之名，民國後設重慶市。抗戰軍興，京滬失守，武漢告急，國民政府審時度勢，誓與日寇長期週旋，訂定以空間換取時間的偉大正確之戰爭策略，並遷都於此，以重慶為抗日戰爭之司令台，於民國二十八年改為直轄市，定為陪都，擴大管轄範圍，將郊區之沙坪壩、磁器口、小龍坎、歌樂山、石橋場、九龍坡、黃桷椏、唐家坨等地區劃入管轄，面積約三百平方公里，人口兩百萬，較四川省會成都為大。又因長江自西南往東北流，嘉陵江自西北往東南流注，故形似半島，地勢高出江面百餘公尺，市區沿山而建，街道馬路上上下下，乃有山城之稱。我在入川之前，風聞重慶多雨，北方乾旱缺水，生長在黃土高原邊緣的人，耐旱不耐雨，遽爾入川，難免水土不服。若干親友曾力勸多方考慮，如今還沒有到重慶核心地帶，而霧與雨已經遠遠的前來迎接，心情不免戚戚！

當天下午四時左右，汽車排魚貫駛入重慶市郊之九龍坡，個子矮胖的汽車排長巡視每一部安全抵達目的地的汽車，與我們這些乘客一一話別，並客氣稱讚我們一路配合良好，宣布貴校將派員來接，恕不能將諸位同學直接送到學校。我們向他致謝，報以熱烈掌聲。

我們從西安第一批到達重慶的十幾位同學，背起自己的行李，集中在一個軍品倉庫的一端，靜候學校來接。此際，汽車排正忙著交卸從蘭州運來的軍品。大約過了半個小時，學校已派員來接，從九龍坡乘車進入市區，街道短而彎曲，且多坡度，實在無法與西安成都相比，而當天又在不斷下雨，道路泥濘而滑濕，不過從高處俯瞰兩江交匯處，仍覺自然天成。長江與嘉陵江的水，此時正值雨季，濁流滾滾，兩江交匯處，形成一片狀似廣場的大平原，汽船與木船行使在中線、邊線，來往穿梭，各不相擾，景象波瀾壯濶，眼界為之一亮，迄今無法忘懷。車在市區東駛西彎，不多時候就到了朝天門，更逼近兩江交流處。此時汽車已無發揮其功能之餘地，因為面臨江岸約三百級的陡竣石階，必須拾級而下，到江邊去換乘木船，橫渡到嘉陵江的彼岸。這情景，又與我從淪陷區渡黃河到後方的狀況不同，因為黃河下游已分成數條支流，河面窄而淺，船夫手持竹篙向岸邊抵抵戳戳，小船就順流斜抵彼岸，而嘉陵水流深寬，我一個在北方農村生長的青年，面對當前景況，難免心生畏懼。但看到接待人員指揮調度，一幅輕鬆模樣，才慢慢釋懷。

原來軍需學校校本部，設在巴縣的蔡家場鄉下，距離重慶市區還有七、八十公里，我們須先在設在江北的學員班暫住一宵，次日再乘船溯嘉陵江而上，才能輾轉抵達本校。我們先在微雨中隨接待者循朝天門石階小心翼翼的抵達江邊，聽候號令，登上渡江之楫，以達彼岸。面對浩瀚的江面委實有些膽怯，但看到來往的擺渡者，一波下來、一波又上去，每一渡客或攜帶行李，或空手上下，就和搭車一樣自然，也就不以為意了。等到一隻較大的渡船靠攏江邊，學員班派來的接待人員一聲令下，我們十幾位同學乃一個接一個拎著行李上船，一經坐定，船夫開始啟碇，用力以篙杆抵岸，使船盪離岸邊，然後用力向上游划行，待船划達江之中線，乃改向對岸斜行，而且速度加快，原來順流而下，祇要對正方向，船夫不需用力，自然漸達彼岸。我初次乘船，橫渡廣濶的江面，先是惴惴不安，繼而完全釋然，不禁憶起蘇軾在前赤壁賦中之佳句：「縱一葦之所如，凌萬頃之茫然」的那種心境，想著想著，船已抵達彼岸。下船後，仍須再爬行一小段台階，才能到達學員班校區，學員班設在江北縣的蕭曹廟舊址，漢相蕭何當初助劉邦打天下，負責後勤補給，厥功甚偉，軍需學校正是培訓後勤幹部，把學校設在蕭曹廟裡，應該有其深意！

我們剛剛跨進學員班大門，學員班主任李樹元少將即親至校門迎接，李老師短小精幹，兩目炯炯有光，是一個處世正直的年輕將領，他是本校學生班第四期畢業生，後被保送赴日留學，歸國後從事軍需教育工作，一生不改。李主任對我們在西安考取的學生慰勉有加，旋即被安置在大禮堂休息，特囑事務人員好好照顧，並準備了豐盛的晚餐作實質的慰勉。

晚餐後休息時間，我們站在大禮堂門口，隔著嘉陵江遙望重慶市區，房屋櫛次鱗比，高低錯落，入夜萬家燈火，五彩繽紛，上接繁星皓月，宛若五光十色的大寶塔，朝天門的陡竣石階已隱沒在無邊的蒼茫中。此時，心中正充滿感慨，憶我生長在北方偏僻的鄉下農村，交通閉塞、教育落後，不意在對抗日寇侵略戰爭中，有緣投入戰鬥行列，來到大後方的抗日戰爭的大本營，有幸目睹重慶的壯麗美景，更重要的忝列正式的軍中一員，有機會貢獻給多難祖國一份國民微薄力量，激昂慷慨充塞胸臆，久久難以平息！

# 24 溯嘉陵江而上投入革命搖籃

抵達重慶之日，正值十月中旬，是霧都的雨季，雨雖下得不大，但兩江（長江與嘉陵江）河水正漲。次晨，步行到嘉陵江邊，去搭船途中，自覺特別逼近，好像江邊就在門前。從江北到蔡家場本校，須乘坐民生公司（四川省營的公用事業）的小型汽輪，該輪行駛重慶北碚之間的定期航班。每日往返兩班，我們早晨上船，不一刻功夫，船即起碇，在薄霧濛濛中溯江而上。該船雖係一小型汽輪，但亦分上下兩層，搞不清上下層票價是否有別，反正我們是坐在下層的，座位靠近舷邊，面向船的中線另一排乘客，回首俯瞰江水平緩流動，波濤不興，雖然貼近水面，心中卻極恬然，船行不久，前頭就有兩座如小山的巨石矗立江心，船頭就正對兩石之間的通道，吃力的爬行，此地原名小龍坎，江心兩塊巨石是它的標誌，所有輪船行駛到這個地段，操船者都要小心翼翼對準兩石之間的安全航道，方保無虞，也許是視線不佳，或水流過分湍急，小輪船在衝上兩石之間的航道時，竟然發生劇烈的晃動，不但左右呈十五度的不規則搖擺，而且迅速向後倒退，此時忽聽一位乘船常客大喊：「糟糕，開到灘上了。」一頓時船上秩序大亂，部份乘客拔腿向上層疾衝，輪船頃斜動盪更甚，我們亦慌亂得不知所措，直接的反應便是兩手緊緊抓著自己的行李，生怕被人奪去似的隨著群眾亂跑，此時船長大喝一聲：「大家不要動，再動船就要翻了，諸位各就原位坐定，我們才有辦法慢慢靠岸，否則大家祇有同歸於盡。」眾人一聽如此嚴重，又如此容易，於是乖乖的坐下來，任憑船主應變。就這樣，小輪船在駕駛者穩妥操控下，順著水流緩緩的後退，自然靠近江岸，當船穩穩的泊碇後，船主宣佈這一班輪船因撞在石頭上而失去了動力，大家祇有下船登岸，各自尋找自己的交通工具了。乘客慶幸自己大難不死，心中已夠安慰，自然毫無怨言，順序上岸。

我們今天的行程原定在嘉陵江右岸的一個小鎮，距蔡家場最近處下船，步行抵校，不意經此一番波折，原計畫無法實施。好在出發前，學員班已派員護送，上岸後喘息稍定，護送人員宣佈經他用電話向李主任請示後，決定率領我們到距離小龍坎最近的磁器口本校初級幹部訓練班暫住一宵，再由初幹班派車載送到校報到，於是我們又扛起行李向磁器口進發，在行進途中仔細回味了一下今晨遭遇，不禁心有餘悸！生長在北方農村的旱鴨子，一點都不懂水性，此次入川途中卻碰到兩次水難，前些日子在渡涪江時，所乘汽車開向擺渡船時，後輪落水，雖未成災，但心驚膽戰，永不能忘。此次第一遭長途乘船，竟然就遇到如此險惡的災難，幸獲上天保佑，兩次水難都在危疑震撼中從鬼門關逃了出來，尤其小龍坎這次，倘若不幸船沉墜水，在無任何救生工具倚賴下，我又不會游泳，除了面見河神外，短短二十年的生命，就草草結束，何等可怕？言念及此，心中充滿了悲傷與無奈，更後悔在西安時不聽好同學的勸告「少不入川」的金玉良言、如今已走在離家鄉萬里外的嘉陵江邊，就只有面對現實，昂首濶步，創造自己的前途了。

磁器口位於嘉陵江右岸，距離重慶市區數十公里，是一個新興的逐漸發展的小鎮，臨近教育園區沙坪壩中央大學及重慶大學所在地。需校初幹班就設在小鎮的一角，校舍廣大，較江北學員班寬廣得多，學生人數亦較校本部與學員班為多，大約一、二兩期同學加起來約近千人，乃是為適應部隊軍需基本幹部嚴重短缺之需要，不得不加快加多培訓人員而採取的措施。我們抵達後，仍被暫時安置在禮堂的講台上過夜，晚餐與正在受訓的學生一同用餐，班主任許氷痕上校以治校嚴格著稱，紀律嚴明，偌大的禮堂權代餐廳，教職員學生近千人在用餐時，竟安靜無聲，使我們初次體驗了軍事管理的嚴肅性，心中正揣測著未來三年如何適應這種呆板嚴肅的生活方式。

需校渝市三單位，學生班在巴縣的蔡家場，距市區最遠，學員班與初幹班分別設在江北與磁器口，我們還未抵達校部，卻先探訪了近郊兩個分部，有機會認識學校的整個輪廓，未嘗不是一件好事。初幹班距校約十餘公里，行軍前往，原無不可，但學校車輛少，特地安排了坐木船前往，木船看起來體積不小，但不宜在主流中行駛，必須沿江邊緩流溯江行駛，速度較慢，中午過後抵達距校本部最近的一個鄉村渡口，地名叫雞冠，鄉民要到城市裡去購辦貨物或出售農產品，大多要在這裡上船或下載，我們抵達時，上下船民眾甚少。我們是這條船的主要乘客，上岸佇立片刻，學校派員來接，循序上岸後，才知道來接的，乃入伍大隊負責營務的特務長，因入伍生已開始編隊，所有隊職官都忙於入伍訓練的準備工作，就等我們加入接收編隊。從雞冠到蔡家場必須徒步，因沿江小道不能行駛車輛，所以祇得步行，好在路程不遠，一個多小時足可抵達，步行對我們年輕人來說稀鬆平常，當初我們作流亡學生時，曾扛著行李爬越秦嶺，區區五、六公里路程，難不到我們，為早點到達學校，大家立刻啟程，不到兩個小時，我們就踏入學校的大門。

學校位於一座高約百公尺的小山坡上，進門有寬濶平直的大道，直通學校的行政大樓，緊鄰其左的為大操場，呈長方形，平整開濶，圍在操場周圍的有大禮堂、學生宿舍、隊職人員辦公室，兩整排教室，依地形高下，羅列在山腰，幽敞明亮，站在操場一端，即可窺測學校全貌，美麗極了。山角有池塘，山頂有桃林，我不禁憶起幼時讀三國演義，當劉玄德在南陽隆中三訪諸葛亮時，曾對隆中有一段生動的描述：「山不高而秀雅，地不廣而平坦，林不大而茂盛，水不深而澄清。」用來形容學校之景，倒是非常貼切。

初抵學校，即循樓前大道來到辦公大樓前，接受教育長魏文海將軍的訓話，魏將軍字讀舟，一幅儒將風範，他是本校學生班五期畢業，留學法國的經理學校，歸國後即投身軍需教育，為我軍需界之精英，他是山東人，體型壯碩，言語清晰，談話內容簡潔，除歡迎我們投入軍需的革命搖籃外，還企望我們能對軍需獨立的偉大事業有所貢獻，旋即命令隊職人員率領我們到入伍生隊部去報到，正式投入軍旅生涯。

## 25 鄉下的鄉下入伍生活

軍需學校學生班學程是三個年頭六個學期，包括入伍時間六個月，這是投考之前就曉得的，入伍生訓練是純軍事的，術科多、學科少，以往各期同學大多在部隊入伍，比我們早一期的十九期同學，入伍時就委託重慶的衛戍部隊某某師代為訓練，聽說嚴格得很，從我們第二十期起，改由學校自辦，地點就在本校附近最偏僻的鄉村。學校本身為了躲避敵人空襲，已經處在鄉下了，不想我們入伍地點，還要在鄉下的鄉下，荒村是當地鄉紳棄置不用的空曠農舍，上課處叫「田壩子」，住宿處叫「長五間」，四週都是農田，兩處空屋相距約五十八尺，屋主因家大業大遷居鄉鎮公所所在地居住，而將最偏僻的空置田莊租給學校使用。兩處農舍皆有院落與房舍可供居住，而田壩仔屋外，尚有一個打谷場，略加整修即是一個理想的操場，我們抵達之當天下午納入編隊。入伍生大隊下分設三個區隊，一個區隊三個班，相當於一個步兵排，區隊長則係由軍校畢業之優秀軍官擔任，他們學養不錯，但帶兵嚴格，我們入伍期間只是二等兵待遇，入伍期滿才晉升中士學生，享有政府規定之薪餉。至於被服裝備，則與成都之黃埔軍官學校之學生完全相同。編隊完成後，首先將自己私人之衣服，從裡到外脫個精光，打包收入儲藏室中，內衣內褲及軍裝一律改著新品，唯獨足下則必須赤腳草鞋，不能穿布襪布鞋，是我們最感不適的一種生活方式，況且那時天天在下雨，地下泥濘一片，草鞋編織得又不夠綿密，踏在地上，雨水夾著泥漿，一下就滲透鞋底，歷久不乾，雙腳形同整日浸在泥漿裡，滋味實難消受。入伍後第一個月，每天都在受基本訓練，偶爾在室內上課，都是在背頌《步兵操典》，或《作戰綱領》，《作戰綱領》是手冊式可攜帶的袖珍本，文字編纂得很簡練，其中有一段是敘述一個軍人應有的基本態度，應勇敢進取，有決斷能力，絕不可猶豫徬徨，消極優柔，其言曰：「不為與遲疑，皆可陷軍隊與危亡……」，使我的印象格外深刻，也影響我一生的性格與特質，至今不曾或忘，可見培養一個健全的軍人，也需要從內到外，一體打造的，祇訓練你有強壯的體格是不夠的。區隊長經常掛在嘴邊的一句訓詞就是「軍人要絕對服從，不容提出異議」，上級要求得合理是訓練，要求得不合理是磨練，這是一個軍人的基本要求，不容懷疑。

入伍訓練的地點，平日都在荒村，惟獨每週一上午第一節課須要到校部去參加總理紀念週會，營地到學校雖僅約一華里多，但祇有一條羊腸小道可資通行，要先爬上丘嶺，沿著農田崎嶇的邊緣，成一路縱隊，小心翼翼前進，一不小心就被濕滑的泥漿送入稻田，狼狽不堪，所以每逢週日，入伍生均不得休息，由區隊長督導，各班長帶領，每人各自端著木製的臉盆，挖取廚房用過的煤渣，頃倒在彎曲的小道上填平，以利行走，這工作持續數週，直到把小路修舖完整才停止。

# 26 入伍趣事一籮筐

基本教練的另一項目是夜間站崗，入伍生營地有兩個大門，入夜各區隊須輪流派出全副武裝的同學在營地出入口充當衛兵，所謂全副武裝，就是一個作戰的步兵二等兵裝束與配備，包括鋼盔、背包（內有折疊成方塊型軍毯乙條）、水壺、乾糧袋、仔彈帶（空的）、腰束皮帶，刺刀、手持四九步槍（不裝子彈），從晚自習後開始值班，兩人一組，前後門各一人，兩個小時換班一次，衛兵的職責，自然是警衛營區的安全，在荒村野外，兩眼瞅著黑漆漆的稻田，怪怕人的。區隊長在午夜常來查哨，衛兵看到必須喝令問「口令」，答對了，才向他行持槍舉手禮，有許多人過分緊張，往往忘了先問口令，就會被糾正一番，有一位同學在值崗時睡著了，步槍被查哨長官帶回隊部，次日在晨操時被區隊長糗了一頓，罰站了十分鐘以示薄懲。

擦槍也是常鬧笑話的故事，我們所持用的步槍，經久不用，難免銹蝕，所以每週皆有一次擦槍課，步槍最難擦拭的兩個部位是槍拴與槍筒，槍拴要卸下來，擦拭乾淨後再裝上去，使之保持可以擊發狀態，區隊長檢查時，同學皆須列隊受檢，並舉槍將槍拴拉下來再推上去，扣動板機，發出「咱」的一聲方為合格，至於槍筒部份，必須用探條纏著油布，從槍口插入上下拉扯，將槍管擦得雪亮，區隊長從槍口單眼窺視明亮貫通方為合格。有一位同學把槍探條插入槍管後，因油布纏得過緊，無論怎麼都拔不出來，集合檢查時他老先生持著一枝插有探條的步槍，區隊長代他拔也拔不出來，引起全隊官生哄堂大笑！

最有趣的是夜間緊急集合，乃入伍訓練不可或缺的項目之一，舉行之前，區隊長已有所暗示，但不透露確切時間，有的同學過份緊張，夜裡常不敢脫掉褲子睡覺，因為緊急集合時，要摸黑打綁腿是一件很麻煩的事，尤其時間祇限制十分鐘，必須服裝整齊，同時摸黑從槍架上提著自己的步槍，跑到操場接受檢查，難度很高，學校體諒學生，故意將時間訂在四點多鐘，已接近黎明，雖少睡一、二個小時，但不致影響次日操練的體力，可是當我們全隊同學，到隊整齊，正欲接受隊長的談話時，一位黃姓同學，卻姍姍來遲，持槍站在列外，高喊「報告」，表示他並不缺席，那時天已微明，隊長吳子敬中校既不答禮，亦未准其入列，任他站在大家面前，左手持槍，右手橫列胸前，做行禮未畢狀。按軍中禮節，長官在沒有還禮前，橫在胸前的右手是不能放下的，此時，全隊同學的目光不期然集中在黃同學身上，祇見他歪帶著帽子，軍服上身一半露在腰間皮帶的外邊，最顯眼的是綁腿只打了一隻，另一隻只纏了一半，全體同學無不忍俊不禁，可是都不敢笑出聲來，隊長對緊急集合的評斷，簡單明瞭，他說：「此次夜間緊急集合，完全失敗，規定十分鐘集合完成，卻整整花了半個小時，這種成績如何向學校交代？定期再來。」訓話完畢，即令值星區隊長帶隊跑步，那位遲到的黃同學卻被罰站半小時，不必跑步，真是因禍得福，其實隊長說下次再來，祇是氣話，夜間緊急集合未再舉行。

三個月基本教練完成後，接著是比較輕鬆的打野外，老實說，打野外才是實地作戰的體驗，各區隊長帶學生到野外翻山越嶺，去辨識地形地物，並講解連隊如何攻擊，怎樣防禦，攻擊前進時，要派斥喉作敵前搜索，派警衛作定點瞭望等等。一般同學皆不希望充作斥喉，因為斥喉兵有時要按地型的不同，為避免被敵人發現，放低姿態，佝僂身軀，提槍前進，有時甚至要匍伏前進，格外辛苦，最為大家所爭取的是定點眺望的警衛兵，他可以在操練過程中，呆在一個地方充分休息，聰明的人甚至在水壺內裝著適量的老酒，乾糧袋內夾著花生米，趁著暖和的陽光，坐在山坡草地上，盡情享受一番，等到收操的號角一響，才扛著槍匆匆返隊，何等舒服。

入伍訓練的後期，重頭戲就是野戰攻防對抗演習，也就是結束入伍生涯的最重要的一項課程，不但要區分紅隊藍隊反覆演練，而且要敦請學生總隊長蒞臨評斷，也可稱之為入伍訓練的總驗收，隊職官從上到下比學生兵還要緊張，事前不但要擬定詳密的攻防對抗書面計劃，同時要率領班級幹部實地偵查地形，設定攻方的起攻點，如遇到防禦一方的強堅的抵抗時，如何正面佯攻，又如何迂迴前進等詳密計劃。防禦之一方，左右翼如何相互掩護，如何相機出擊殲滅來犯之敵，一點都不能馬虎。正式演練當天，陽光普照，四川雨季已過，天氣不寒不暖，同學個個情緒激昂，以亢奮的心情，迎接著重要一戰，雖然演習過程中，在野地裡匍伏、翻滾，弄得一身泥土，一點也不覺辛苦，裁判官總隊長齊懋少將，全程參與。他是河北人，保定軍校畢業，身材魁梧，頗有大將之風，對學生愛護備至，經他在演習完畢後的評斷「非常滿意」，不僅解除了隊職官的緊張心情，也等於宣佈了我期入伍生生活的全部結束。六個月的二等兵生活，總算告一段落，就要在洪爐裡熬出頭了，同學們無論如何也壓抑不住內心裡的興奮感受，不約而同發出一陣陣歡騰，洋溢在偏僻但祥和的鄉村的鄉村。

# 27 九百個日子的專業薰陶

入伍期間，因為身體瘦小，論身高剛剛及格，因學校規定，身高必須在一六五公分以上方可錄取，我報考時光腳量身高，恰恰夠格，至於體重則無明確規定，因為我是從淪陷區逃亡出來的流亡學生，長期吃不飽、穿不暖，居住環境難期理想，行必徒步，營養不良，導致骨瘦如柴，記得當時體重只有一一二磅，相當於五十公斤，不過我曾徒步翻越秦嶺，說來還算硬朗，祇是在基本教練時，不獲區隊長青睞，曾責令我出小操，由班長尹某某嚴厲督導，加料苦練，使我吃盡苦頭，當時我對尹某極不諒解，其後尹某因學業太差，被學校勒令退學，而我則在入伍結業時考了第一名，不僅出乎區隊長的逆料，我個人也覺得意外。

正式升為學生後，好處一大堆，不但衣服換新了，嶄新的布鞋與布襪也開始有資格享用，教室也從鄉村搬回校部的小山腰上，寬敞明亮，站在走廊上瞭望，可以俯瞰全校之景，真是一個讀書的好環境，教室後面是一片桃林，我們入校時是四月天，雖然桃花已謝，化作春泥，但桃葉蓁蓁，滿眼新綠，仍令人心曠神怡，歡欣不已！

軍需學校的課程分為兩大類，第一類為經理，第二類為財務，合而言之，相當於一般大學的企管系，或經濟系而任教之教官，則多為理論與實務兼具之飽學人士。印象最深的是一位黃教官，他講授經理通論，第一堂課他就告訴同學，你們將來在軍中擔任補給業務，是要隨部隊行動的，南征北戰，東奔西跑是免不了的，我以在軍中多年擔任經理處長與補給司令的經驗，勸告諸位後學，你們要學會的第一件事是做飯，因為在戎馬倥傯中，大部隊行動為了達成戰鬥任務，往往幾天幾夜，不能正式吃飯，所以必須具備野外求生的本領，使用軍用飯盒，利用時間自行炊煮，以維健康，所以未正式講課前，告訴諸位，幹我們這行必須具備的基本條件之一，就是學會做飯，然後再研究如何管理好軍中糧草，以適應大小部隊後方補給，凡是從實務著眼，從小處著手，不能祇談理論，方能完成繁重的補給任務。黃教官是吾校學生班第五期畢業，抗戰期間在軍中服務多年，經驗豐富。學校聘用教官，不但注重學術理論鑽研，對於經驗傳承，亦極重視。

財務會計方面，學校施教係以打好基層為主，簿記會計是我們初次接觸的東西，老師不但嫻熟實務，亦須具學術理論基礎，梅嶺涵老師是需校會計教授耆宿，戰前在上海已負盛名，當時的立信會計專科學校在滬初創時，他與該校創辦人潘緒倫會計師在會計學術方面並為翹楚，需校在南京時代，梅老師即是專任教授，內遷重慶後，他同時在南溫泉的政治大學計政學院兼任教授，在教育界也是頂呱呱的人物，他教書的方式別有一套，往往運用深入淺出的方式，讓初學者迅速進入情況，比如對商品帳戶變得較為複雜需要細分時，他說「商品帳戶」有兩個女兒，大女兒叫「存貨」，二女兒叫「進貨」，幽默詼諧，引人入勝，使學的人不知不覺自然挑起學習興趣，所以需校各班期學生，在梅師教導下，基礎會計學識都有一定的堅實基礎。

需校在民國元年，創辦於南京，首任校長張敘忠將軍，字孝仲，湖北枝江縣人，日本陸軍經理學校高等科畢業，任職校長達二十五年之久，從草創時期，苦心經營擘劃，以至漸具規模，曾付出很大心血，其間最大之波折，係隨政局之起伏而一度遷徙至北京，北伐成功後又從北京遷返南京，但在張將軍悉力經營下，學校教育所受影響極微，特別是圖書館的建立，卓然有成。抗戰前，這圖書館即擁有各類圖書約五萬餘冊，其中最突出的乃全套之《圖書集成》，係前清乾隆盛世所編纂之偉大文化遺產，當時京滬一帶各大學，能保有此類典籍者為數不多，惟吾校有之。戰時，學校雖遷居鄉下，特在學校之半山腰闢建一高地平台，興建一座工字房，集納收藏自南京輾轉運來之圖書，妥善陳列，且每年不斷添置，學生課餘之暇可以在圖書館內自由閱讀，亦可按各人需要自由外借。工字房外遍植各類花卉，鋪設平坦整潔之石板引道，置身其間，有一種山林隱士之氣氛，為學生創設了一個美麗而恬靜的讀書環境，我在課餘或假日經常盤桓留連在館內，閱讀和思維，使我在專業學識以外，增添另一種吸納學識的管道，對自我建設，獲益良多，及今思之，這一段時間，真是我一生的黃金時代。斯時與我跑圖書館者尚有多人，印象較深刻者有同鄉張周朔、魯籍同學張智、浙籍同學顧嗣惠、陳書楷諸人，為了共同研究，相互切磋，於是籌組了一個綠洲讀書會，每隔週座談一次，常常選擇在後山坡桃林中、綠地上，彼此就讀書心得，提出討論，獲益匪淺。其時與我們同時在校者，尚有十九期同學百餘人，由學校政治輔導員組織有一課外活動團體「紫光團」，係學校的一個正式課外活動組織，下面分設有體育組，對外代表學校與其他大專院校舉行球賽；戲劇組，包括平劇、話劇，純為學校師生自導自演及自己欣賞之各類演出；文化組，負責學校《紫光月刊》之出版，以及壁報之編纂。兩期同學內對寫作有興趣之人頗多，我個人對寫作亦係饒富興趣人之一，經選舉擔任文化組副組長，組長一職則由十九期學長廣東籍的陳某（忘記其名）擔任。《紫光月刊》主要是編纂壁報及節慶特刊，我們入校後第二年的校慶，學校擴大舉行，渝市三單位之江北的學員班和磁器口的初幹班，均奉命集中在蔡家場的校本部舉行。那年的三月廿日，我們出版了一集校慶特刊，內容非常充實，有學術性的論文，亦包括文藝與雜文，我所撰寫的〈農業興衰與軍糧補給之關係〉以及另一位同學所撰〈倉庫論〉頗獲當時多位教官的好評。此外我亦撰述短篇小品〈飯後閒話〉若干則，每則雖僅三言兩語，但因內容幽默中隱含諷諭，我期指導員唐凝本先生，譽為有魯迅的筆調，其實那個時候，我並未涉獵過魯迅的文章。

當時繼任魏文海老師擔任教育處長的吳文權老師，對喜歡寫作的學生非常鼓勵，因為他從英國留學歸國後，一度擔任軍政部陸軍經理雜誌社的總編輯，對培植後學極為積極，其中寫作很出色的一位十九期同學夏槐青，頗有成就，與我亦很談得來，他當時即常替軍中大報《掃蕩報》撰寫社論和專文，他曾寫過一篇〈勝利前夕話台灣〉的專文，頗有見地，細讀之後，才對台灣有了第一印象。

整體而言，我個人在軍需學校受教的日子，過程是平順的，效果是圓滿的，因為戰時的重慶，人才集中，我校雖在鄉下，然而南臨沙坪壩文教集中區，北頻另一文教區北碚，近在咫尺，若干更專業課程，如經濟學、財政學，凡教授講席，學校教官陣容中闕如者，多自北碚復旦大學或沙坪壩中央大學等名校擇優遴聘，以充實教授陣容，因而一般學術領域，頗能與當時時代脈動相適應，互相接軌。來自復旦大學的經濟系教授，在審閱本校課程類別及時數時，即斷然評定：「以貴校課程內容與時數（學分）言，與他校經濟系並無差別，你們受教期間全程三十個月（入伍時間除外），大學四年，計八個學期，也不過三十二個月，蓋大學寒暑假長，而貴校五個學期，每學期六個月，無任何假期，反較緊湊、紮實。而且完全官費，嚴格說來，你們是幸運的。」我們聽教授如此分析，內心自然感覺興奮與欣慰，再沒有未能讀一般大學的遺憾！

軍事學校教育異常緊湊，每個禮拜從週一到週六，每天七節課，把時間排得滿滿的，而且都是正課，音樂、體育、術課等輔導教學項目，每週僅點綴性排個一、二節，晚餐前一個小時，可以任意到圖書館借書、閱覽室看報，以及晚餐後半個小時，可在校園週邊小徑散散步，算是我們的休閒時間。晚自習從七時到九時，必須待在教室中溫習功課，且有隊職官隨堂巡視督導，紀律極嚴，晚自席後一個小時為學生沐浴時間，十點熄燈就寢，一天的時間就在忙碌緊張中渡過，三年如一日，不曾稍懈。

學生時代，生活中最感愜意的，莫過於週日假期，可以在美麗的校園內任意徜徉，以及到蔡家場或水土沱趕場看熱鬧，認識當地的風俗民情最富意義。因學校位於蔡家場北邊約兩公里遠的一座獨立的小山上，富有典型的四川鄉村景色，四圍農田環繞，前有鄉村小道，僅容走馬，不能通行車輛，所以特別靜謐，後有桃林茂密掩映，除學生生活區與辦公場所外，梯田一塊塊一排排縱橫雜陳，從北平或南京隨校內遷的若干老士官，雖屆退休年齡，但當時軍中尚未建立退休制度，所以他們立志與學校共休戚，視學校如家庭。他們散居在後山福利社附近的平房裡，負責後山的巡邏工作，以及利用梯田的種菜任務，並餵豬、餵馬。學校除了養豬供員生改善生活外，還豢養了幾十匹馬，以供學生上馬術課程使用。這些老士官最出色的工作成績，是所種蔬菜足供全校師生日常生活所需，唯一遺憾是限於土壤及技術，所種蔬菜種類以保證豐收的牛皮菜（正式名稱為莙薘）為大宗，猶記得當時每進餐廳，一眼掃瞄到餐桌上的陳設，綠油油的牛皮菜，總是四菜一湯中不可或缺的要角，同學剛跨進餐廳，會不約而同的共同語言，就是：「又是牛皮菜」。所以我在離開學校若干年的歲月中，對牛皮菜這一營養不錯的蔬菜，碰也不碰，只到如今，理性才促使我偶一嚐試。

在校期間，生活極端嚴謹，既規律、又機械，只有週日假期，隊職官對每一間寢室挑三檢四，在每一學生床鋪上檢查合格下，才下令宣布放假，並再三叮囑，收假時間在下午六時，逾期不歸，將嚴厲處罰，軍事管理彈性少得可憐，好在鄉下交通不便，我們假期最佳去處，也只學校附近兩個地方，一個是較近的蔡家場，位於學校右側約兩公里半處，是一個典型的四川鄉鎮，每隔兩天才有一次趕場機會，平常日子，小鎮平靜安詳，石板路鋪陳的街道，乾淨清潔，街道兩旁雖商店林立，但交易較冷清，祇有趕場的日子人潮才熱鬧喧騰。賣猪隻的、賣日用雜貨的、賣粗細布疋的，擺滿了小鎮每一塊空地。茶館酒肆也擠滿了人潮。四川的鄉鎮，茶館是最具特色的，也有其一定的社會功能，蔡家場小鎮自然也不例外，鄉民們躺坐在油亮亮的竹製涼椅上，一面抽著長杆的旱煙袋，一面喝著濃濃的沱茶，天南地北的聊著，一幅悠閒而自得的模樣，令人羨煞。雖然也有高聲的吵嚷，但一忽兒就歸於平息，所以茶館在四川，是民間調解糾紛的最佳場所，鄉人如有相互間解不開的情結，祇要由當地稍具威望的鄉紳出面，邀集雙方當事人，在茶館泡上幾杯濃茶，互訴情由，把心裡的委由傾吐一番，再由鄉紳慢條斯理的講幾句公道話，一場誤會就此煙消雲散。我們同學亦有泡茶館者，但以川籍同學為多，像我們北方學生祇會在街上找一間乾淨的麵館，來一碗肉臊麵，或在冬天吃個火鍋，那就是最大的享受。

另一個假期常去的地方，是位於學校左側的鄉鎮水土沱，水土沱距學校較遠，從後山桃林邊小路，走過曲曲折折的石頭台階，細數偎依在農田邊的農舍、稀落的小村莊，然後就看平緩慢流的嘉陵江水，橫亙在面前，江面寬濶，水波不興，絕不像我們秦嶺山谷中，初次看到嘉陵江水那樣奔騰澎湃的猙獰面貌，而水土沱就在江的那一邊。江邊有擺渡人家專責運送過江乘客，價錢很便宜，學生乘船祇收半價，有時甚至完全免費，使我們對四川鄉親充滿感激。渡船無帆無縴，業者祇靠一舵一篙，憑自己的經驗，掌握水流順逆斜沖的力道，精準的駛向對岸，停靠在登岸的碼頭邊，於是乘客一一登岸，把帶到場上賣售的物品，一籮一筐吃力的搬運在江沿，而後挑向市場。水土沱的街道，從江邊向上延昇一步一台階，像一部梯子矗立在斜坡上，上去很吃力，下來滿輕鬆，所以比較過份費力搬動的東西，賣家就會堆積在沙灘上。像橘子成熟時的橘柑，便一堆一堆的積聚在沙灘上，任人品嚐，不取分文，但是你如帶走時，則必須稱斤論兩照價收費，因此我們在假期逛遊水土沱時，總會在嘉陵江邊，逗留盤桓片刻，享受無價品嚐橘柑的樂趣。

## *28* 抗戰勝利在重慶造成的歡樂氣氛

我是在三十三年十月間入校的，次年八月，當一個酷熱的假日午後，我們正在校園左側一個清澈的池塘學習游泳，忽然聽到學校播音機放出巨大的聲響，這情形很少見，我們心裡捉摸著發生什麼大事情麼？於是匆匆從池塘邊爬上來，著好服裝，飛快趕回學校，學校大樓窗口下擠擁一大堆人，包括學校師生和附近居民，齊聲歡呼，與收音機播送出巨大聲響，混合成更大聲浪，原來日本鬼子無條件投降了。我們乍聞之下，還有些不敢相信，因為在去年，日本鬼子尚以強勁的精銳部隊，循黔貴鐵路攻陷獨山，造成重慶市的巨烈震撼，何以短短幾個月時間，竟然由日本天皇下令，接受波茨坦宣言，向盟國無條件投降了，實在有點出人意外，然而收音機裡傳出每三分鐘播報一次日本投降的消息，千真萬確，日本真的投降了。這時大家同學瘋狂的高呼和熱情的擁抱，每個人的臉上洋溢著歡樂也佈滿了淚水，這時才真心體會到喜極而泣是怎樣的一種情境了。斯時，我亦不由自主的憶起了詩聖老杜逃難到四川時那首膾炙人口的〈聞官軍收河南河北〉詩句來：

劍外忽傳收薊北，初聞涕淚滿衣裳。
卻看妻子愁何在，漫卷詩書喜欲狂。
白日放歌須縱酒，青春作伴好還鄉。
即從巴峽穿巫峽，便下襄陽向洛陽。

從杜甫的詩句，令人沉浸在災難後重獲勝利，和昇平氣象即將到來的期盼，然而國事如麻，在複雜詭譎的國際環境中，要復員，要收拾戰後殘破的家園，恐怕還需要相當的努力與時間。

狂歡之後，冷靜的思索、認真的考量，青春作伴好還鄉的美夢，恐怕還不可能呈現在眼前，何況我們修業年限尚須兩年，儘管從收音機裡，不斷傳來敵後大小城市所有廣播電台，此起彼落的呼叫聲，亟欲和重慶中央電台聯繫的迫切等待，但是要落實和摘取勝利果實，似乎還很遠。不過在戰時首都的重慶，大家各自從家裡走出戶外，擁向大街小巷，敲鑼打鼓的狂歡盛況，仍不斷從收音機裡傳來，使我們想像即從巴峽穿巫峽，便下襄陽向落陽的途中是如何的讓人神采飛揚。

## *29* 生命途中的嚴重挫折

卅六年以前，在校讀書期間，可稱為我學習成長過程中的黃金時代，亦可說是我一生中遭遇嚴重挫折的時代。因為在對日抗戰的大時代裡，在大後方那樣安定而靜穆的環境中讀書學習，確屬難得、所以我的讀書成績，頗有一些成就，專業學課一連四個學期都考第一名，且不去說他，而在課外讀書方面，我亦能有所突破。因我的讀書方法，精與博兼重，學術性、理論性書籍，我讀得較深入；一般社會與時事類圖書，亦曾多所瀏覽，對我個人思維之啟發，助益良多。尤其我在少年時代，從啟蒙師辛霈西老師讀四書五經，對大學中庸以及左氏春秋等背頌得滾瓜爛熟，此時再讀其他典籍，對理論之領悟，頗易收觸類旁通之效。當然對當時若干隨時代而發生之時事評述等論述，亦曾廣泛涉獵，故我對當時在校學習所獲，極為珍視。同時學校舉辦之各類論文比賽，亦有機會不斷參加而入圍前茅，師長之鼓勵與指引更促使我努力不懈，也許就是這些因素，導致我的運動減少，身體難免受到若干影響。更令人遺憾的是，和我同用一張課桌併肩而坐的一位同學郭金聚的去世，使我的情緒受到了強烈的震撼。郭同學是河南滎陽縣人，是獨子，父親早逝，寡母費盡千辛萬苦，撫養他長大。他得病之初，只是常鬧胃疾，身體逐漸消瘦，突然有一天，大量吐血，經送重慶嘉陵江北岸的陸軍醫院治療，不久就病愈出院，身體也胖了許多，原來他患的祇是胃部出血，很快就恢復了健康，我們都為他高興。可惜他本人在心裡上卻不能同時健全起來，而日夜焦慮，所以他不能恢復正常的生活。沒過多久，老毛病突然再度發作，學校的醫務所主任李某醫術膚淺，對此狀況居然束手無策，祇好連夜再送醫院，醫院未經檢查，即將他安置在重病號房間，郭同學目睹這種情境，以為病入膏肓，左思右想，自覺生命已頻危殆，乃以自身攜帶之小刀，向自己頸項猛力一戳，又造成大量出血，醫師發現後，雖經大力搶救，但因大量出血，終告不治，就這樣一條寶貴的生命，遽爾殞滅。醫院及學校醫務單位，對於郭同學的死因，並未深究，任同學猜測，全無具體說明。當時重慶地區，對造成大量吐血，一般皆會自然歸類為肺病，我們也是如此認定，而肺病會傳染，大家都有所顧忌，而我與他如此接近，心生恐懼，所以從醫務所領來酒精，對我們共同的書桌作了澈底的消毒，雖然如此，但心中恐懼的陰影，仍然揮之不去。有一天刷牙時，突然在口腔內刷出了鮮血一撮，心中立刻陷入震顫，經醫師診斷，也說不出所以，乃聲請到重慶陸軍醫院作X光透視，同行的有四、五位同學，而我竟是幾位同學中，唯一肺部有毛病者，醫師開出證明，建議我立即休學，進行治療，長期修養。我回到學校，與好友徐應中、張智兩人躲在山後的桃林裡，促膝長談，雖然經他們苦苦相勸，認為放棄即將完成的學業不是上策，然而我為了寶貴的生命，以及對家鄉的懷念，毅然決然要放棄學業保全生命。因為在那個落後的時代，醫藥不發達，重慶又是有名的霧都，空氣不好，與其客死異鄉，何如輾轉返鄉，死在親人的懷抱。因為在重慶感染肺疾，就如同現在染上癌症，多半沒有治愈的希望，於是我的心情立刻陷入谷底，眼前一片黑暗，死亡的幽谷彷彿就擺在眼前，白天沮喪、夜間失眠，那裡還有明天？這種身心俱疲的日子，折騰煎熬幾天幾夜，身體消瘦了，內心絕望了。當我申請休學的報告呈送到總隊部的時候，救星出現了。

總隊長齊愸少將把我召到他的辦公室，和藹的對我詳談，他說，你的病情尚不致如你想像的那麼嚴重，何況你的家鄉，仍處在內戰正酣的中心（平漢鐵路北端的太行山區），交通斷絕，你雖休學亦難遄返故里，我認為你不可休學，以你的學業成績，祇剩最後一個學期，即使全休養病，畢業考試後，以三年平均成績，保證亦可順利畢業，假如你聽我勸告打消休學念頭，我將代為請求教育長，准予送你到重慶有名的慢性病療養院作進一步檢查，以確定病情，積極治療。

對於總隊長的愛護與訓勉，我自然百分之百遵從。就這樣，我從學校領了醫藥費國幣四萬元鉅款，由學校代為接洽重慶近郊李子壩武漢療養院就診。

武漢療養院在重慶極負盛名，院長是一位肺病專家，我初抵該院，即指名向他求診，經我詳述病情及初診結果後，他仍按一般程序，東敲西摸，前心後背，反覆聽診，最後結論：「我看沒有什麼問題」。我聽了自然一陣高興，冷靜一想，還是請求住院作更詳細檢查，院長雖表同意，但不准我住普通病房，避免感染，我自然聽他勸告，住進二等病房，二等病房是兩人一間，但當時住院病患不多，二等病房內祇住我一人，形同頭等病房，護理長每天早晨，必來叩問睡眠狀況、服藥情形，使我這個流亡學生備覺溫馨。住院兩天後，院長才安排我接受拍攝X光影片，第三天門診時出示X光影片，給我詳細解釋，我的肺部確實有兩個綠豆大的黑斑，證明我確曾染過肺疾，但已鈣化，不影響健康，囑我安心返校上課，並與常人一樣生活，以減輕我心理上的壓力，我說陸軍醫院代我開的那張診斷書，如何為我平反？院長說，你可持此張X光影片，前往複診，聽聽他們的意見。我於是馬不停蹄的手持影片，直奔江邊，乘一葉扁舟，飛渡嘉陵江，由於李子壩武漢療養院與江北的陸軍醫院，隔江遙遙相對，不消半個小時，就抵達醫院大門，醫院很幫忙，立刻找來專科醫師審視底片，旋即作出與療養院同樣結論，並解釋現階段本院尚無X光攝影設備，僅憑肉眼透視，自然其正確性即相對減低，你可要求武漢療養院出具健康證明，自然可以否定本院原出證明，同時可以提供今後保健之道。我乃滿懷欣慰返抵李子壩武漢療養院，向院長作出回報，並要求給我證明，院長當然滿口應承。因當日天氣已晚，次日始辦理出院手續，收拾行囊，以重獲生命的心情，奔返校部，親向總隊長報告經過，當他靜靜的聽完我的報告後，面露愉悅慈祥，欣慰勉勵有加。齊將軍，河北人，具有燕趙男兒氣概，為人正直、頗有望之儼然即之也溫的長者風範，可以稱之為我的救命恩人。迄今思之，猶感念不已！尤其當我從重慶澈底檢查身體回校後，齊總對我的學生生活之關懷之情，有逾骨肉，具體作法是讓我加入特別營養的小伙食團。當時學校為了改善部份同學營養不良，體弱多病者的孱弱體質另組一小伙食團，每天每人增添四兩肉類以增強體力，參加者約有十人，為了避免傳染病，小伙食團的房舍和專任廚師，設在福利社附近的一間小房子內，每日三餐，皆採分食方式，每人一盤菜，以達到營養又衛生的標準。如此狀況，幾個月下來，我體能狀況有了顯著進步。畢業前夕，自覺情緒與健康基本上已與鬧病前沒什麼分別了。祇是學業荒廢多時，需要調整步伐，急起直追，但各類課程有其一定步序，祇能就虧欠部份努力填補，醫生囑咐不能過分勞累，所以也不敢焚膏繼晷去拼命，祇能一面跟著現在同學正在前進的步伐，一面乘虛蹈隙以補前欠。可是時不我予，畢業考試一天天逼近，不得不硬著頭皮參加考試，我沒有再抱著斬獲第一名的奢望，心理上壓力自然減輕，考試結果仍然得到全班一三八人中的第十三名。摯友徐應中榮獲首名，我亦可分享他的榮耀，因我們的友誼，在三年的培養與患難扶持中，情逾手足。

## 30 突破傳統留校服務

軍需學校創立於民國元年，在政局動盪時代，從南京遷往北京，北伐後又遷返南京，七七事變抗戰開始，又從南京遷來重慶，前後招生二十屆，歷屆學生畢業時，均遵守著一個傳統，凡畢業考試前三名的同學，皆享有留校服務的權利。當然，留校服務對個人來說，不一定對未來的生活規劃或升遷有益，但那是一項榮譽，而我本可享有此一榮譽的機會，可惜一場病痛，竟平白失去了這一機會，命運捉弄，我亦無可奈何！

畢業考試結束後，有一段短時間休息，大家都在學校等候軍政部（現稱國防部）的分發命令。遠在一個月前，學校已經將畢業生名冊呈報軍政部，由軍政部根據三軍總部的需要，將我期畢業生一三八名，按陸、海、空各總部需用員額，分發各總部，再由各總部按地區及所屬單位轉分發。依當時印象，分發陸軍者，約為總員額的半數，海空軍各約四分之一，以地域分，全國各地都有，如東北、西北、北平、上海等凡設有補給機構者，皆有我同學之足跡，祇有我，由於齊總隊長之愛護，分發之前特別召見，希望我能留在學校服務，他所持的理由是我的身體較差，須在安定的環境中，先休養一段時間，將身體澈底搞好，再徐圖發展。對於長者的好意，個人自然滿懷感激，但由於學校的傳統規定，留校服務需畢業考試前三名，摯友徐應中以第一名之資格，留校自是順理成章，而我則並不適合。齊總之說法是學校即將改組，人員之精簡，大致已定，教育長（當時校長由軍事委員會委員長蔣介石先生兼任，實際負責教務者稱教育長）正在南京為學校改組事務作籌備計劃工作，校務由教育處長吳文權將軍代理，吳處長對你的狀況了解深刻，我已與之詳談，他極希望你留在學校服務，好對你繼續栽培，你如願意，則此事即可決定。齊總的訓示，如此懇切、溫馨，令我感激又振奮！就這樣，我突破母校三十六年的傳統，被留在學校服務了。這一決定，使我的身體獲得長期休養的機會。當即被派在學校教育處工作，襄助教育計劃，展開另一種教育實務之學習，對我以後之生涯規劃，發生了重大影響。憑心而論，齊總對我之愛護與栽培，可謂功德無量，而我對這位長官與長者的感戴，亦與時俱新，直到現在。

# 31 遲來的還都之旅

學校像一個大家庭，他的校訓就是「一家一業，一心一德」八個大字，所以我在學校服務初期，對踏入社會的生澀感，全不存在，因為除原來在校的老師與隊職官外，長官同僚清一色都是各期留校的學長，大家親若兄弟，似乎沒有長官部屬之嚴格界限，所以生活仍然如沐春風，沒有感受到任何壓力。

時代在變，環境在變，各種制度亦莫不急劇在變，中國抗戰八年，先是獨立奮戰，犧牲慘重，土地、財產、人員，尤其是民眾，凡被敵人所到之處，無辜百姓往往遭受無理的屠殺，稍後雖有極少量的外援，也難以發生積極的作用，我們所依恃的只有廣大的土地，和不屈不撓的民心士氣。當時的戰略口號，就是無奈的「以時間換取空間」。一直到日本人偷襲珍珠港，惹惱了老美，中國的抗戰才有了轉機，尤其是英美聯軍在歐洲戰場收拾了希特勒，掉轉槍口擊敗了日本，中國的抗戰終於取得最後勝利。這才有機會抄他人之長，補自己之短，於是一切制度都要效法美國。軍事教育制度，自然也不例外，軍需學校學生班到我們這一期止，就不再繼續招生，本期同學雖可承先，但不能啟後。因為學校正在籌劃仿效英美，改制為經理和財務兩個學校了。學校高層已先期在南京展開經理與財務學校改制籌備工作，接受美制師資訓練，尋覓校址。留在重慶軍需學校的老班底，則負責看守校產及準備遷移的善後工作。大約在三十六年七、八月間，學校已決定將留在巴縣蔡家場的所有教職人員及眷屬，分成三批，陸續從重慶乘船順長江水路遷往南京。第一批人員約一百二十餘人，已攜家帶眷，移往重慶對岸之江北學員班舊址，候船起行，而我並未排在第一批東遷人員之中，所以仍留在蔡家場校本部，協助學校教務部門整理各類待遷之檔案、圖書，以及編訂校產移交冊籍，準備移交工作。惟因並未掌管過任何實質業務，僅能充助手，每天雖照常上班、簽到，工作仍極悠閒，公餘可儘情遊覽校園的景觀。由於學校未再繼續招生，校區有些空曠寂寞，以前晚飯後慣常踏著鄉村小道繞校園一週，如今祇要在校園裡隨意走走，就需要個多小時，寫意極了。

這日子沒過多久，原負責第一批東遷人員財務管理的兩位學長，高我兩期的姚本仁、王昌鐸奉命留在校本部處理要公，於是指派我前往接替其工作，以及另一位初幹班畢業同學張肇益協助。我奉命後，即刻整裝南下重慶轉江北接任新工作，這是一項臨時任務，但我初出茅廬，對膺任此一重要工作，免不了戰戰兢兢，深慮有所隕越，好在第一批梯隊指揮劉曜載少將是我期戰術指導教官，待人親切和藹，對我這個剛從學校畢業的學生百般擔待，不致發生多大困難，就這樣，我乃勇敢的挑起了此一重擔。

抗戰勝利雖已逾兩年，重慶市的大小機關，除接收大員隨政府還都南京外，其他次要機關人員，仍有很多等待船隻東下，所以我們在江北學員班候船近一個月，才有機會獲得民生公司的中等汽輪民鐸號的艙位，先到宜昌，再駐下來，等候另一輪船東移武漢，可見政府水運交通工具是如何欠缺了，當時負責水運的唯一機構是民生公司，規模太小，船隻數量不多，運行在嘉陵江水域的是小型客輪、運行在長江水域則係中型客輪，噸位亦不過千，但已頗具規模了，我因負責財務，攜帶有小型保險櫃一個，以及一大皮箱鈔票，所以我與張同學兩人分配到一個倉間，以確保財務的安全，其實從重慶到宜昌距離不遠，順流而下，大約一、二天時間，然而大江東去，為歷代文人騷客連篇累牘詩詞，長長久久的歌誦與強調，早已在一般人心中，銘刻了不可磨滅的印象，何況長江三峽，就在這一小段水域，為長江景點匯集之所，有幸航行其間，為每一個人一身中難得有的機會，面對滔滔長江，衷心興奮，無以成眠。

民鐸輪的雄姿停泊在浩浩江面，與其他較小船隻對照之下，仍具有一定的威風，汽笛嗚嗚一聲長鳴，帶著我們從遼濶的江面緩緩東移，回首西顧朝天門碼頭，像一隻巨大的天梯，矗立在重慶市的腳邊，顯得無比的偉大，現在就要拜別孕育我三年多歲月的戰時首都，心中竟有依依不捨的一種複雜情緒！兩岸嶂巒夾峙，一泓長流迤邐，抗戰勝利已逾兩年，此時沿江東下，說是還鄉，顯然不甚貼切，然而仍有詩人老杜那種：「劍外忽傳收薊北，初聞涕淚滿衣裳……即從巴峽穿巫峽，便下襄陽向洛陽」的情懷。

滔滔長江，橫切緜亙在四川和湖北兩省交界處的巫山山脈，形成三個雄奇險竣、奔騰湍急的大峽谷，自西向東分別稱為瞿塘峽、巫峽、西陵峽，合起來稱長江三峽。他西起四川奉節白帝城，全長約兩百公里。我們所乘的民鐸輪，平穩的行駛在長江中流，乘客可以從艙間隨意在船頭以及船沿，眺望兩邊的山峰從身邊緩緩後移，像圖畫一樣，一幅幅的變換，船頭的浪花激起來又消失，消失後又被激起。此情此景，令人想起蘇東坡先生的「大江東去、浪滔淨千古風流人物」的寓意描述，有幸親身臨其境，體會古人的幽情，真是一生難得的際遇。客輪順流而下，平順舒暢，中午時分，船過忠縣，船兩邊有若干小木船攀附隨行，兜售當地特產腐乳，同仁中有位張先生，原籍忠縣，經其介紹推薦，不少人購買攜帶，以為佐餐，也是一段佳話。

民鐸輪繼續前行，經過萬縣，白帝城就在眼前，瞿塘峽三峽之首西起奉節白帝城，東至巫山的黛溪，峽長八公里，是三峽中距離最短，航道最窄的一個峽，從地形上看，它「鎖鎮全川之水，扼巴蜀咽喉。」入口處，雙峰欲合，如門半開，故名夔門，峽口上刻有「夔門天下雄」五個字，長江經此喧騰而下，激流湧入巨門，浪濤飛捲，蔚為壯觀。

瞿塘稱雄，雄在他兩岸的山巒，一座座蒼茫突兀，陡峭險竣，氣勢逼人。此一特點在三個峽中格外突出，舟行峽中，注視左右，滿目都是上懸下削的山峰，壁立對峙，當頭只剩一線長天，遊雲遮蔽山頭，纏繞又解開，解開又纏繞，山峰有如一柄柄刺空的利刃。古人有詩描述：「赤甲白鹽俱刺天，閭閻繚繞接山巔。」真是貼切傳神。長江水通過此一窄門，獅吼雷鳴，震耳眩目，古詩：「瞿塘嘈嘈急如弦，洄流溯逆將覆船」。形容水流湍急險惡。我們所乘客輪如龐然巨物，不管水流多麼湍急，仍然在中流疾駛前進。斯時卻令人猛然憶及詩聖李白下江陵一詩：

朝辭白帝彩雲間，千里江陵一日還；

兩岸猿聲啼不住，輕舟已過萬重山。

詩人的描述傳流千古，遙想數千年前，船隻尚未像現代這樣發達，即使揚帆順流，千里江陵能否朝發夕至，令人存疑，何況在如此狹窄險峻的水道裡，洪流激盪回還，船隻敢不敢任其自由揚帆流瀉，頗成問題，詩人雖然誇張描述，祇要無害詩情畫意，吾人仍然樂於傳誦。

白帝城聳峙長江北岸，三國時蜀漢朝烈帝劉備兵敗秭歸，率領殘部回蜀，病危時，假白帝城託孤，諸葛亮以一片忠忱，「受任於敗兵之際，奉命於危難之間」，稟承「鞠躬盡瘁，死而後已」的精神經營益州，雖然最後仍難逃覆亡的命運，但在中國歷史的長河中，仍留下悲壯的一頁。如今有幸實地憑弔此一歷史古跡，不勝唏噓！

瞿塘勝景以長江南岸的石刻最為亮麗，一片綿亙千餘公尺長光滑如壁的大青石上，布滿各種字體的歷代石刻，映入眼簾，其中最為突出的一方石刻乃「瞿塘」兩個大字，書法端正剛勁，刻技精湛，令人印象深刻。瞿塘峽匆匆渡過，緊接而來的便是巫峽。巫峽西起四川巫山城東的大寧河口，東到湖北省巴東的官渡口，長約四十餘公里，以幽深秀麗著稱，山奇水秀，風光綺麗，為三峽之首，入峽後，像進入一條迂迴曲折的畫廊，船行其間，峰迴水轉，谷深峽長，終日雨霧濛濛，行經此處，同仁多離開倉位，遊走在船的兩沿或船頭船尾，以捕捉倏忽而逝的山光水色，尤其是橫石溪附近的陡崖峭壁，一片灰白，外表很像古帶武士披的銀甲，崖頂渾圓形的岩石呈黃褐色，像武士頭上的金盔，所以又叫做「金盔銀甲峽」。昔人以地型地貌命名，十分傳神，因而流傳千古！

歷代詩人，曾為巫峽吟詠了無數詩篇，例如：

巫山十三峰，皆在虛幻中；
回合雲藏日，霏微雨帶風。

便是代表之作。巫山十二峰羅列在長江南北兩岸，其中以神女峰最為有名，傳說她是西王母的小女兒瑤姬所變，為民除害，為船導航，類似台灣的媽祖。

西陵峽緊接著巫峽，自西向東，依次是「兵書寶劍峽」、「牛肝馬肺峽」、「崆嶺峽」，皆以地形地貌而得名。

所謂「兵書寶劍峽」，似一疊兵書落地，那插入海底的奇峰，如一柄空劍擊水，千百年不變，而「牛肝馬肺峽」是一些鐘乳石日積月累而成，遙而視之極為神似。

西陵峽以灘多水急聞名，整個峽谷屬河谷地形，峰巒峻峭幽邃，江水蜿蜒逶迤，峽中有三大險灘，為青灘、泄灘、崆岭灘，灘灘險峻，許多經過此處的木船，水手如非老練，往往就在此遭逢船難。

過了南津關，三大名峽已到終點，江面豁然開朗，壯麗雄偉的長江三峽，使我們飽覽了兩岸風光，一生難忘，遙看湖北省西部大城宜昌，客輪緩緩駛近，我們雖不曾聆聽兩岸猿聲，然而輕舟卻已過萬重高山，而抵達我們計畫中的第一個目的地了。

## *32*

## 宜昌小駐

民生公司所擁有的民鐸輪，行駛路段就僅從重慶到宜昌，故我們必須在宜昌停下來，等候另一家船公司所經營的宜昌到武漢的船隻。學校已在宜昌預先訂了駐紮處，以容納第一批東遷的同仁及眷屬，下船後即照事務人員的安排，向駐處進發，秩序井然，像是一般的旅遊。駐處雖不寬暢，但短暫的停留，大家在心理上都可接受，至於候船時間，少則一週，多則半月，而天氣不寒不暖，正是旅遊的好時節。

宜昌是鄂西重鎮，地當湖北循長江而上的入川門戶，古名夷陵，有「川鄂咽喉，西南門戶」的美稱，以形容地勢顯要，向為兵家必爭之地。遠在三國時期，劉備入主益州之前，即以宜昌為跳板。其後關羽兵敗，劉備興師復仇，曾在此處與吳軍大戰。抗戰時，日寇侵華，大軍至此，亦祇能望著浩浩長江而興嘆！不管軍隊如何精銳，武器如何精良，亦祇能駐紮在這裡，耐心的等候無條件投降，宜昌乃軍事重地其顯要可見一斑。

日寇侵華時期，日軍以高壓手段控制人民，對民生疾苦，毫不關心，對市區建設能維持現狀不作破壞，已屬萬幸，倒是對軍事構築特別積極，尤其對機場拓建，格外起勁，對重慶實施大轟炸，飛機多由武漢及此處起飛。戰後政府忙於復員，尚無暇從事建設，所以市區並不繁榮，但由於宜昌乃長江水運樞紐，較其他城市仍稍具規模，所以走在大街上仍覺寬暢許多。

宜昌西北郊外有一片廣場，設有一個龐大的露天茶館，同行的我期政治指導員林文育先生，對我這個學生印象不錯，雖然長我六、七歲，仍與我像同事一樣，邀約一同逛街吃館子，興緻一來，就在初秋午夜，相偕到宜昌郊外的露天茶館，排遣候船時間。廣場位在高地，坐在椅子上游目騁懷，真是賞心樂事，遠眺山色，近觀市容，悠閒之至；此外我們也常到宜昌市區觀賞電影，那個時候，無論中外，影片皆係黑白兩色，我在看電影時，無論坐前排後排，盯著螢光幕，總覺一片模糊，禁不住抱怨影片拍攝不夠水準，林指導員與我相處已一段時間，年齡亦懸殊不多，可謂亦師亦友，他說：「你可能眼睛有問題，因為在我看來，影片尚稱清晰。」於是勸我到眼鏡行檢查一番。一次從電影院出來，信步踏入一家眼鏡行，拿百度以上近視眼鏡做一試驗，舉目望向對面街景，注視市招，竟清晰得像刻劃一般，這才證明我患了近視，但眼鏡行並無驗光醫師，所以並未購置合適的眼鏡，不過已證明我確實患了近視。遂聽從林師建議，待到南京或上海後再驗光配鏡。

在宜昌小駐時間不過兩週，從初抵時的儘速適應，到安定下來充分休息，為時甚短。駐紮在當地的機關，尤其是補給運輸機構，都有需校畢業之前期同學，聽說母校部分師職人員抵達，都主動詢問如何盡一份地主之誼。故對接洽東下運輸工具，皆熱心協助，憑著與當地運輸單位之良好社會關係，很快就洽妥到武漢之船隻，使我們滯留宜昌不致太久，俾減少旅途之勞苦，充分發揮了「一家一業，一心一德」之校訓，頗為難得。

# 33 武漢暢遊

從宜昌換乘較大之汽輪，繼續東下，長江流面既廣且深，碩大的汽輪擊波劈浪，像一條游龍，載著我們疾風似的東駛，這裡兩岸風光綺麗，江天一色，遙望兩岸樹色微微轉黃，村莊隱現，好一片色彩濃郁的田園景色，令人心曠神怡。船行不久，就經過有名的江陵，李白當年嚮往的名城，此處即三國時期的荊州，在軍事上的戰略價值很高，當年關雲長守荊州，曾為劉備的蜀漢昭烈政權穩定了一段長時間，但是也就在後來的關鍵性戰役中，敗走麥城，為吳軍輕易擊潰，縮減了蜀國存續的壽命，也使荊州的軍事地位大大的提高，聲名遠播。

洞庭湖處在宜昌與武漢的水路中間，雖不能直接駛近，但它的大名在一般人的傳誦下，對我們的吸引力很強，湖中有名的君山更是著名。吾幼讀《幼學瓊林》，其中有名句「君山湖內翠，水晶盤內擁青螺。」讀來令人嚮往，可見君山在前人的生動描述下，洞庭湖的山光水色，增添不少光彩。可惜船不直接經過，徒令人興起無限幻想。

過洞庭湖而東，不遠處就是三國演義一書中羅貫中妙筆生花下刻劃的赫赫有名的赤壁，赤壁位於湖北省嘉魚縣武漢的西南方長江南岸，當年曹操率領海陸大軍號稱八十萬眾南下，企圖一舉消滅吳、蜀聯軍，聲勢浩大，意氣風發，釃酒臨江，橫槊賦詩，彷彿一代梟雄，可惜戰略戰術兩失，判斷錯誤，一夕之間，竟為吳、蜀聯軍一把火將近百萬雄師燒得灰飛煙滅，曹操雖以數騎殘兵敗將繳倖突圍脫險，而此一關鍵性戰役中，改寫了漢朝末年歷史，為魏、蜀、吳三分天下奠定了基礎。

赤壁之名據傳就是諸葛亮草船借箭之後，繼之以熊熊烈火，焚燒曹軍時，火焰將此岩壁燒得一片通紅，故有此名，但我們行經此處，則遙見冷冷的岩壁上浮現著白色的赤壁兩字，似與事實不符。

幼時讀宋代文豪蘇軾所著前後赤壁賦，對他所描繪的赤壁，似乎是另一意境，詳細查考，原來蘇公所遊歷者是另一個赤壁。因為當年蘇大家貶置在黃洲，是湖北省的黃岡縣，他曾兩次遊覽城外的赤壁，並寫下了流傳幾千年的煌煌巨著，惟他遊覽的赤壁，卻不是三國時吳蜀聯軍大敗曹操的赤壁，不可不察！

宜昌距武漢，陸路五百七十餘公里，水路可能遙遠得多，但乘船東下，兩岸風光綺麗，山水相連，短短兩天行程，除飲食睡眠之外，遙眺兩岸美景，目不暇給，抵達武漢時正是離開宜昌的次日下午。事務人員選定了漢口沿江大道邊一家大旅館作為駐地，預計在此候船，又需數週，同仁與眷屬可以在此充分休息，或購物、遊覽。

武漢位居長江中上游，是漢水、長江匯流處，亦為一大型商業都市，以鐵路連絡北平廣州，而以長江水運航行重慶、上海。地處水陸交通要衝，自古以來，就被稱為九省通衢。武漢實際上是由武漢三鎮—武昌、漢口和漢陽合併而成的大都市。而早自三國時代，武漢即在歷史上扮演重要角色，為歷代兵家必爭之地。清朝後期，由廣西北上的太平天國，就曾經佔領此地作為後續發展的基地。一九九一年國民革命軍推翻滿清的辛亥革命之役，更是以武昌為發祥地，一八六一年天津條約開放漢口為通商港口，目前已發展成貿易商業區。而漢陽在抗戰前，即逐漸形成重要工業區。武漢是湖北省省會，人口密集，為華中文化中心。抗戰初期，政府曾以之為臨時首都，一度為政治經濟文化的重鎮，全國軍民當時以龐大的人力、物力保衛大武漢，而與日寇在此作激烈的會戰，戰爭勝利後，復原還都，亦皆以武漢為轉運中心。

抵達武漢，稍作休憩後，獲悉繼續東下之輪船班次，至少要兩週後才能排定，於是趁此空檔，在武漢地區作簡單之觀光旅遊，然而初到武漢，狀況十分陌生，於是前往拜訪分發在武漢地區工作的兩位同學，即摯友張智與謝鳳閣（後改名謝鳳希），他們兩位，一在海軍、一在空軍，都是外向性格，對往訪同學特別熱情，我們都是北方人，所以選在「老鄉親」飯館餐敘，「老鄉親」是北方館子，三人又是冀、魯、豫大同鄉，性豪放而具燕趙男兒作風，飯後同到我居住的旅館，竟夜長談，雖分別不久，但彷彿久別重逢般熱情！次日為星期假日，乃約定各易便裝，到隔江有名的風景點黃鶴樓觀光。

黃鶴樓始建於三國時代，位於長江南岸，俯瞰江流，由於唐代詩人之名句，勒諸金石，播揚傳誦，遂成名樓，屢遭戰火摧殘，亦屢經修建，但日本侵華時間卻聽其殘破。勝利後，百廢待舉，政府尚不暇整修，據當地人言，現有規模一如戰前。

遊覽黃鶴樓的風氣，以唐朝最為盛行，唐代詩人崔顥有首著名的七言律詩：「昔人已乘黃鶴去，此地空餘黃鶴樓。黃鶴一去不復返，白雲千載空悠悠。晴川歷歷漢陽樹，芳草萋萋鸚鵡洲……」為此樓的神秘氣氛，增添了後人無限的思古幽情。詩聖李白更以此樓為背景，寫了一首七言絕句，〈送孟浩然之廣陵〉：「故人西辭黃鶴樓，煙花三月下揚州；孤帆遠影碧空盡，唯見長江天際流。」詩人的妙筆把黃鶴樓描繪得淋漓盡致，烘托出山河的壯濶美麗，使後世遊者登臨此樓，不在瞻仰它的容貌，而在靜靜體會其中所蘊含的悠遠意境，以及時代的綿長無限。

我們站在黃鶴樓頭，遠眺漢陽，俯瞰長江，有一種置身天地間的真實感，前代詩人的佳句，與當前情境對照，祇能認定「文章本天成，妙手偶得之」這句話，使吾人對古之妙手十分欽羨！

第二個週日，我們再乘渡輪暢遊武昌，它與漢口僅一江之隔，每次來往旅客眾多，然而來往兩岸全靠小輪，如果能夠建一大橋，應屬理想之建設，可惜抗戰勝利不久，復員尚未完成，政府尚無暇展開建設，祇有搭乘渡輪，作為唯一交通工具。

武昌勝景首推東湖，它與杭州的西湖，並稱觀光名勝，但面積廣達三十三平方公里，比西湖大了數倍，湖岸號稱九十九彎。我們去時係屬初秋，湖畔周圍的樹木，枝葉有部份泛黃，但葉尚未落，顯示出少許秋意，有一種靜穆之美。位於東湖西岸的行吟閣，是一幢三層樓的古老建築，乃為紀念愛國詩人楚國三閭大夫屈原的紀念館，屈原的傳世之作〈離騷〉，在中國文學史上佔有其一定的地位，雖然他抱著百般委屈的心情，因熬不過當時的政治迫害，投身汨羅江而死，可是卻在千百年後，仍然鮮明的活在國人的心中。就在行吟閣旁邊，有一個九女墩，據說係紀念太平天國之役時，為防守武漢壯烈犧牲的九位女兵，可見凡是為公家利益而枉死地英靈，後之來者是不會忘懷的。

武漢大學在全國素負盛名，是一個規模宏偉的綜合大學，位於東湖西南岸的一處丘地，校舍寬暢，是一片古老的建築群，是東湖數一數二的美麗景點，雖然比不上重慶沙坪壩的中央大學那樣聲名遠播，但是在武漢地區則是有名的文教區。

## 34 首都在望

從武漢往東，是長江的下游，江寬水深，可以行駛更大的汽輪，時序已是天涼好個秋的金風送爽季節。離開武漢，有一種感覺，首都南京彷彿就在眼前，每個人的心中，自然就泛起一種就要抵家的念頭。儘管兩岸風光依然呈現出多種不同的面貌，但已沒有心情去欣賞，祇冀望很快能夠瞻仰到南京的尊顏。中午時分，船抵九江，部分旅客要在此下船，若干貨物也要在此裝卸，所以巨輪停泊在碼頭邊至少兩個小時，乘客可以上岸蹓躂一番。九江位於江西省會南昌市以北約一千公里，人口不多，由於此處為長江與鄱陽湖匯合之要點，自古以來，就有江西門戶之稱，是個典型商業都市，自唐朝開始就是景德鎮的瓷器、江西茶葉的集散地，更因居長江之要津，而顯得地位之重要。我們因停留時間短暫，所以只鍾情於陳列在各家商店各色各樣的瓷器。景德鎮的瓷器中外馳名，品質確實優異，無論碗盤、茶杯，質地細膩，晶瑩剔透，有家室同寅多選購碗、盤、茶具，我亦選購茶杯兩只，既實用又可做紀念，應可不負九江之行。

船離九江，已是下午三時，因九江乃鄱陽湖之入口，河道更寬，極目兩岸湖泊連綿頗似水鄉，船續前行，已接近安徽地界，有名的小孤山矗立江心，遠遠望去像一座寶塔，雄姿秀麗，山峰崢嶸，如果能實際攀臨，當為人生一快，可惜天色漸晚，我們從它的北側掠過，蒼茫中僅能一窺其輪廓。過安慶而東，南京越來越近，夜已降臨，雖經過蕪湖、馬鞍山等軍事要地，亦無從窺視其外表於萬一，殊為可惜。

夜幕深垂中抵達南京，大家仍在夢鄉，按照計劃雖在南京下船，但還未達目的地，平明時分，下船登岸，不稍停留即遄赴下關車站，原來要換乘火車逕赴蘇州。天氣已進入深秋，在月台上候車，寒風陣陣吹襲，頗有涼意，衣衫單薄者不住哆嗦！好在天氣晴朗，旭日剎時東昇，專車靠近月台時，同仁陸續登車，在嗚嗚氣笛聲中，已將寒氣驅離，天堂般的蘇州好像正伸展雙臂歡迎我們的蒞臨。

# 35 閶門外的大東旅社

初抵蘇州，第一批從重慶遷來的同仁及眷屬，暫時被安置在蘇州城外，亦即有名的閶門外的大東旅社。由於校舍未定，學校乃將該旅社長期包租。旅社設備老舊，但內部整潔，最大的缺點是沒有衛生設備，每一個房間，無論大小，皆在屋舍一角以門簾隔遮，置放馬桶一只以為方便之用，而且每日清晨須定時清理，更覺噁心，蘇州居民大多沿用這種習俗，著實落伍之至。

蘇州有人間天堂之稱，以其為江南美景匯萃之所，學校地址初步決定在上海北郊，依據美制，分為經理、財務兩校，惟尚未展開復校籌備工作，同仁均須在此等候消息，暫時毋需上班，休閒時間至少月餘，閒來無事，遂興起認識蘇州之短程旅遊的雅興，同行的幾個光杆，組織了個小型鐵腳隊，要用自己的雙腿雙足，去踏遍蘇州的每一個風景點，亦可稱之唯一大盛事。

蘇州位於長江下游的太湖以東約二十公里處，京航大運河和幾條發源於太湖的河流圍繞市衢，市內溝渠縱橫，隨處可見石造的拱型橋，年輕婦女搖櫓掌舵，悠哉悠哉駕駛著小木船，穿過橋洞，或載人、或叫賣水都零食，構成一幅鄉野美景，有一種恬淡的安適感覺。因為蘇州是風流倜儻之士所嚮往之地，更是古代達官顯要辭官之後，建築庭園宅邸，與蘇州美人花鳥風月共渡餘年的理想佳地。《紅樓夢》這部小說名著中所述的蘇州織造與榮國府的故事，就曾在這裡上演。因此這裡有一百七十座名園，其中包括滄浪亭、獅子林、拙政園、留園等代表了宋、元、明、清各代的四大名園。

蘇州的歷史始於春秋時代吳王闔閭在此建都時，蜚聲遠近，接著隋朝又在這裡開鑿運河，唐宋時期已發展成一大商業都市，元朝時更以絹織聞名全國，到了明代，發展達於巔峰，人口超過百萬，號稱當時的世界第一大都市，並非偶然。

蘇州位於上海與南京之間，京滬線鐵路從旁北郊而過，交通極為方便。許多白領階級的公務員多選擇住在蘇州，到南京或上海任職，周末返家渡假，以享受蘇州的寧靜環境，兼顧繁華的都市景色，絢麗與純樸調劑生活，人間天堂殆即此等況味。

鐵腳隊顆伴中，年輕人居多，唯一的例外是壯年老師尚屬單身的沙教官，他是一位地形學專家，九一八以後就投身關內的愛國份子，仇日反日達於狂熱，他在學校時任職學生班各期地形學教官，講話幽默風趣，極獲同學愛戴，但個性好強而爽朗，是鐵腳隊中的領導人物，對於出遊地點的選定，出發的時間、路線，多由沙老師決定。

蘇州風景點多，首先要去的是遠在西南郊區的兩座名山——靈岩、天平，由於路途較遠，去時須乘一段汽車，歸程則乘坐小船。那天天朗氣清，惠風和暢。出得蘇州城，沿途所見，紅男綠女，絡繹繽紛。凡是欲盡情享受滿佈眼簾的美麗風景者，則乘坐由兩個年輕少女所抬的輕便竹編小轎。有一首歌曲係描繪江南景色特有風光，「姑娘抬轎靈岩山……」，我們有幸目睹其實景，亦頗難得。祇是這種有錢有閒者的不平等享受，我們則不願嘗試，而況山坡陡峻，姑娘雖年輕力壯，抬轎上山仍不免香汗淋漓，嬌喘噓噓，我們看在眼裡，自然寄予同情。靈岩山秀麗崢嶸，林木茂盛，山路崎嶇，曲折盤旋，登山雖苦，但難不到我們鐵腳隊成員。山頂一寺觀，旁有吳王井，相傳為吳王夫差父子常來遊憩，吳王井即為吳王父子所開鑿。站在山頂，面向西南可以觀望浩瀚的太湖，風帆點點，浩渺無際，坐在一塊岩石上拍一幀小照，題為靈岩山上望太湖，迄今猶為內子珍藏在相簿中，永留紀念。

從靈岩山北面取道羊腸小徑，彎彎曲曲而下，行至山腰稍一駐足，翹首遙望，天平山像一尊壯漢，虎背熊腰，微頃上身，駐立在靈岩山上不遠處，宛如一個作勢登山客，脊背矗立著參差有序的一大群石板，狀如封建時代群臣面謁皇帝時手持的手板，名曰「萬笏朝山」，為天平山勝景唯一可稱道的景點。鐵腳隊成員續向前行，從山腳下頃身登山，雖在秋天，不久就大汗淋漓。好在山坡平緩，山峰不高，從山頂瞭望天平山向西、向北，原野溝渠縱橫，花木扶疏，好一幅秋天美景，原來農家開鑿之渠道，引太湖之水充作灌溉之用，湖水清澈，渠道舒緩，尚能通行漁船，大家為了儘情欣賞秋光，雇乘農家采菱之舴艋小舟，順渠道駛向蘇州，渠道兩側遍植各種花卉，伸手可觸，花香撲鼻，桂花碎蕊綻放，飽滿泛黃，那種融入大自然懷抱中的感覺，令人沉醉，直如仙境。

近午時分，大夥抵達小鎮「木瀆」，那裡開了一家規模不小的「石家飯店」，遠近馳名。我們進得門來，一眼就看見店家中堂懸掛著一方字畫，由于右任親題的一首小詩：「老桂花開天下香，看花走遍太湖旁；歸舟木瀆猶堪記，多謝石家鮊肺湯。」鮊肺湯在蘇滬一帶，早已家喻戶曉，祗是于右任的一篇深入淺出的七言絕句，替石家飯店打響了名聲，而且所費不多，一碗免費的魚湯而已，從實質言乃最廉價的廣告。鮊魚據說是河豚的幼魚，出產在大湖，被捕出水後，腹中氣囊充氣，脹如球狀，鮊肺湯就是用這種魚的肺所煮成，鮊魚在太湖裡還很小，每條重約三、四兩，並且也沒有毒性，一但進入長江，游過江陰以後，即成為河豚，有劇毒，非廚藝妙手，不能烹殺。鮊魚雖無毒，但具有河豚美味。剝開以後，肚內氣囊，相當於一個「銅圓」（舊制錢幣）粗細，肺上有一個很大的苦膽，必須小心摘除，千萬不能弄破。肺上還有不少的血筋，也得一一小心剔除，然後將鲃肺切成薄片，汆入熬好的高湯之中，如果沒有美味的高湯，鲃肺片則不具美味，既不鮮且腥味極重，我們點了鲃肺湯，似乎是受了于右老那首詩的影響，否則不會點那道既貴又不好喝的清湯。

鐵腳隊成員遊興特濃，從靈岩山、天平山歸來後的次晨，乘著秋高氣爽的好天氣，迫不及待的要走訪留園與虎丘。留園位於蘇州西北郊，距閶門只有幾分鐘路程，從大東旅社出來信步而行，跟著秋遊人群，不多時就到留園。留園建於明朝，為蘇州四大名園之一，視野遼闊，但建築單純，相傳清朝時為劉蓉峰所有並改稱劉園，後來又改復舊名，其間滄桑也無從考究。當時最令我們印象深刻的是「放生池」，太多遊客多匯集在放生池畔的小亭子裡，男女老少都捧著大小魚隻，排列在池邊喃喃祈禱一番後，將魚隻放入水中，然後目視其活潑的游去，彷彿做了一樁天大的善事，而面露笑容，自然在心靈上就得到滿足的寬慰。另在花園一角，栽植了各色名貴盆景，我們乘興遊覽一週，便跟著人群朝下一個目的地虎丘出發。

虎丘位在蘇州西北的較遠地區，距城約兩公里，但道路平坦適於步行，何況抗戰勝利剛滿兩年，江南地區一片昇平，而秋盡江南的氣候特別爽朗，紅男綠女多乘此美好時節享受這迷人風光，絡繹於途者，從年輕到老年的各色人等，面上都帶著愉悅的笑容。唐詩：「勸君莫惜金縷衣，勸君惜取少年時；……。」遊客心裡莫非都含蘊著這一念頭？

虎丘是春秋時代吳王夫差埋葬其父闔閭的地方，據說在埋葬他父親後第三天，山丘上出現守墓的白虎，所以稱為虎丘。丘上還有許多景點，像劍池、千人石，相傳即係與吳王闔閭同葬的三千把寶劍，以及陪葬的千人白骨所形成。另有一塊巨石，中間有一道整齊的裂縫，則為闔閭試劍時所削裂的，故名試劍石。虎丘斜塔位在丘之西北角，高約五十八尺，為八角七層磚造古塔，年遠代易，呈現約十五度的傾斜，是遊人不能不看的歷史古蹟。

虎丘歸來，大家都很疲累，休息兩天以後，繼續遊覽蘇州城外多處景點。獅子林，以假山取勝，成排成串的奇形怪狀的石頭，堆砌在園的四周，圍繞著一個大池塘，池塘中心建有涼亭，名曰湖心亭。相傳由於畫家倪雲林所造的假山，狀如獅子而得名，假山所用石林是太湖名石，玲瓏剔透，高下羅列，人工造型而頗富藝術氣息，是亦江南園林之特色。

滄浪亭，蘇州四大名園之一，在宋代詩人蘇軾的宅第之後。庭園的特色，是引進園外的流水，配之以巧妙設計的假山，和諧的表現了水鄉情景，「滄浪之水清兮，可以濯吾纓……」，名稱的由來頗富哲理，當初建築此園的主人，對世事的看法有其主觀的強烈意識，表示無論世道人心如何？個人總有適當的選擇，不致為世俗所左右，於此可想見其人品之超然脫俗。

寒山寺，位在蘇州的西郊，我們去遊覽的動機，完全受了唐朝詩人的絕句〈楓橋夜泊〉的影響，「月落烏啼霜滿天，江楓漁火對愁眠；姑蘇城外寒山寺，夜半鐘聲到客船」。這首詩是一般人皆能朗朗上口的佳句，寒山寺的出名大概也得自此詩宣揚。閶門外西邊四十里處即楓橋所在，據當地人傳說，楓橋原名「封橋」，後以張詩而易名，可見名詩影響之大。我們去遊覽時，見寺前有一道小河，橋下小船來往，別有風味。古時這一帶是商業中心，從早到晚行船不斷。進了寺門之後，便可看到〈楓橋夜泊〉與寒山寺拾得的石碑，其拓本廣受人們喜愛。

這座寺廟建於六朝時期，後來太平天國之亂時燒燬，現存之殿宇是清末修復的。

## *36* 到首都投入職場

蘇州休假長達月餘，大概在深秋十月，學校改制政策大致底定，經理學校籌備處在南京正式展開具體籌備工作，主持人是原任軍需學校教育處長吳文權老師，我奉令即日前往南京到設於太平路三十四標的經理學校籌備處報到，正式參加籌備工作，蘇州之旅乃暫時告一段落。

南京為六朝古都（按六朝指吳、東晉、宋、齊、梁、陳）形勢顯要，北扼長江，東控紫金山，西有清涼山，南有雨花臺，自古即與北平，西安、洛陽、開封諸名城，併列為歷史古都。北伐成功後，國民政府更以南京為首都，抗戰勝利後已自重慶還都南京。我們學校因面臨改組，又以我期學生在三十六年五月十七日才畢業，故遷回南京之事，在今三十六年七、八月才完成。

我從蘇州抵達南京，立刻完成報到手續，積極投入工作。其實上海校址還沒有完全確定，籌備處祇能先就教育器材、教材及招生計劃等要務，先作籌劃與編撰，參照美國制度，對軍中經理人員如何調訓、修業期限長短等慎重考量。我以一個初出茅廬的後學，祇能襄助若干教育行政工作，上司是我在學校時的老師，待我仍若學生，所以工作很輕鬆，公餘之暇，得與分發在國防部預算局、聯勤總部財務署的若干同學相晤談，交換工作經驗，也是一件賞心樂事。

春秋戰國時代，南京為吳國屬地。三國時，吳王孫權在此定都，易名建業，並興建石頭城，諸葛亮曾以「龍蟠虎踞」形容其地勢之險要，近代若干歷史事件如南京條約之簽訂，開闢五口通商，使中國接觸廣大世界，皆以此地為契機。抗戰期間，日本帝國主義者侵略中國，更在此展開血腥之「南京大屠殺」，震驚中外，政府還都南京，忙於接收及遣俘，更積極從事戰後復原及重建，使南京展現一片繁榮。星期假日，把握時光飽覽郊區景色，在我的人生旅途中，是最璀燦的一頁，不可不記。

首先要遊覽觀光的是中山陵，從南京最繁華地區之新街口、大行宮為起點，雇乘特有的交通工具馬車，踏著寬濶的黃浦路，馬蹄得得，路樹落葉片片，此時坐在不疾不徐的馬車上，游目騁懷，瀏覽沿街美景，心中無限暢快。出中山門，遙往紫金山，秋陽映照，山上呈一片紫金色，這大概就是山名的由來。中山陵位於紫金山的主峰，沿著梧桐大道抵達山麓，首先映入眼簾的是高大的大理石石碑，上書：「中國國民黨葬總理孫中山於此」，字跡酋勁，令人肅然起敬，繞過石碑，通過參天的石階，是琉璃色的祭堂，橫額書刻著「民族、民權、民生」六個大字，象徵三民主義之父孫中山先生的偉大創作。站在祭堂台階上回眸眺望，可一覽紫金山下的樹海。祭堂內部是靈堂，正面是一座中山先生大理石雕像，莊嚴肅穆，令人起敬。

再向內是墓室，中央為圓形大理石墳，中山先生的臥像安置在長方形墓穴上，供人瞻仰，四周墻壁刻有國父遺作「建國大綱」，一代偉人就此長眠，為後人永遠追懷。

從中山陵下來，順道遊覽位於紫金山麓的靈谷寺，此寺為南北朝時代梁武帝所建，傳說唐代時有數千名僧侶在此修行。此處可觀者有兩大特點，其一為「三絕碑」，由唐代名畫家吳道子作相、李白題詩、顏真卿手書的石碑，用以歌頌梁朝名僧寶志的事蹟；其二是「無樑殿」，建於十三世紀，為現存最老的殿堂，完全用巨磚疊成，沒有用一根樑柱，所以叫做無樑殿。內部一座九層的靈谷寺塔，舉目眺望，紫金山的全景，盡收眼底。

玄武湖在南京市的東北方，玄武門外便是玄武湖，順著長堤向前走，有一種心神開濶的感受，因為時已屬秋末冬初，兩邊密排的垂柳，雖尚舊垂，但葉已脫落，一派蕭條景象，想像春暖花開時節，柳色青青，泛舟湖面，當是何等醉人景色。堤邊有若干小店，出售新摘菱角，為湖景另一點綴。玄武湖周長約十五公里，湖上有若干小島，裝飾著亭台樓閣和花草，四季景色不一，為市民休閒好去處，傳說明太祖曾在這裡建立了「黃冊庫」，儲藏了全國戶籍簿，而將其列為宮廷禁區。唐初李世民曾在此發動玄武門之變，而將建成、元吉雙雙殺死，造成歷史上轟動事件。

就在玄武湖南岸丘陵上有一座古剎，名曰雞鳴寺，登臨其上，俯視玄武湖，就像一面碩大的鏡子。循丘陵北行，有一塊突出之高地，下臨滾滾長江，傳說有很多人因失意而在此跳江自殺，故岸邊遍矗石欄，以防人尋短，更在一塊巨石上刻著六個大紅字「想一想，死不得」，以警世人。

明孝陵，位於南京城南，距離中山陵不遠，因為建於明初，規模不太雄偉，但參道兩旁有雕刻的石獸，接近大殿門和高殿之後的祭壇下，有一條隧道直通墓門，而馬皇后的墳墓就緊挨在一旁。明孝陵給人的印象，是樸質但不宏偉。

此外南京的重要景點，尚有莫愁湖與夫子廟。莫愁湖在水西門外，因年久失修，我們去遊覽時，除湖水尚澄澈外，周圍已是荒草蔓延，一片蕭條。

夫子廟在建康路底，文人墨客把它描繪的色彩絢麗，多采多姿，是一個平民化的遊樂地區。歌場舞榭密集其間，我們也曾到此一遊，但簡陋的街衢一點也不起眼，踏著破舊的歌亭樓板，從一指寬的裂縫中，注視著秦淮河污濁的流水，實在感覺不出來文人筆下所描寫的若干風流韻事，就發生在如此齷齪的地方。

# 37 十里洋場上海一年

改組後的經理學校，確定在上海北區虹口公園附近的水電路設校。校舍寬暢，據說在抗戰期間，日本的海軍總部即設在此處，一切房舍建築頗具規模，我們就在民國三十七年一月正式進住。

學校在上海成立後，完全採用美制，不招考正統的經理人員養成教育學生。並將原來的軍需學校分別成立經理、財務兩校，毗鄰而居。第一批調訓的人員，皆係各部隊機關的現職軍需人員，職務以中下級幹部為主，與前軍需學校之學員班沒有兩樣，祇是分工較細，凡經理學校之調訓人員所授課程，以糧、服、器材之管理補給為主，財務、會計課程則由財務學校所調訓之學員單獨訓練，學習時間均為一年，畢業後多回原單位任職。

我在經理學校任職期間，先奉派人事管理部門，後調任圖書管理，工作輕鬆而單純，有足夠時間閱讀進修，但所讀書籍並非經理專業，大約有半年時間，瀏覽「萬有文庫」為主，哲學及文史次之，古人云，學然後知不足，此際我深深有此體會。

留滬期間，國共內戰正如火如荼的進行著，惟烽火尚局限於華北及東北各省市，江南京滬一帶相對穩定，國人對政府的信心亦稱堅定，故在公餘之暇，我們仍可作適當休閒。

上海雖稱十里洋場，聲色犬馬，中外馳名，但那些都是富商巨賈，留連盤桓之所，我們這些靠薪水過活的小公務員，週末看個電影、吃個小館子，便是最大的享受。學校大門直前就是寬濶的水電路，前行約五百公尺，横在面前的是通往江灣的大道，跨過馬路，虹口公園的圍牆觸手可及，沿墻右行三、五分鐘，就可抵一路電車的起站，跳上電車，在噹噹的鈴聲中，經北四川路繁華的市區，輕鬆的到靜安寺路打個來回是週末常做的功課。有時也祇到四川路海寧電影院看一場電影，上伊斯蘭回教小館吃鍋貼，喝酸辣湯，以調整長時間吃公家飯的腸胃。

當時上海的物價，一日數漲，薪水階級不知道怎樣理財，祇能跟著民眾一般概念，領到薪水後買一些日常實物以保值，消極的對抗通貨膨脹壓力，具體做法是向糧食店買一袋麵粉，暫不提取，等到要用錢時，再將麵粉以市價換取現金。另外即與摯友徐應中聯合經濟，頭一個月兩人合資買一件海軍呢大衣，第二個月援例合資買另一件，如此製裝，使我們解決了物價飛漲的棘手問題。上海演藝界，正上演一部由當紅明星王丹鳳主演的一部新片「青青河邊草」，其中有首歌曲措詞哀怨，句云：「青青河邊草，相逢恨不早，夢裡長相思，覺來馳遠道……」我們在吟唱時，則改為：「青青河邊草，當兵不得了，薪水幾千萬，到手就完了」，這幾句嘻笑式的順口溜，實在反映了當時一般軍人及公務員心情的苦悶和無奈！

政府全心忙於軍事，對當時的社會紛亂及經濟的衰敗，毫無拯救良策，財經操舵手似乎並非專業，為抑制通貨膨脹和物價飛騰而推出的貨幣改革，一點功效也沒有。倒是全國七屆運動會，仍在上海舉行，粉飾太平，多少起了一些安定人心的作用。全運選手來自大部份政府尚可控制的各省市。他們居所就在我們學校後面多間空屋。青年人熱情如火，我期同學袁君無意中認識結交了一位田徑選手——多情湘女林小姐，短時間內兩人即拼出了愛情的火花，進而結為連理，如今兩夫婦定居武漢，早已是綠葉成蔭子滿枝的大樹了。這一段小小插曲，曾在我期同學間傳為佳話。

三十七年底，國共內戰漸呈逆勢，經理、財務兩校奉令南遷，目的地是福建漳州。軍令如山，學校接到命令後，正值天寒地凍，滴水成冰，我們圖書館同仁冒著嚴寒把數萬冊圖書分類裝箱，準備上船，政府指撥一艘「海宿」輪，停泊在黃浦江碼頭，供財務、經理兩校使用。

我們幾個留校服務的同學，畢業年餘，又係單身，被指定押運圖書及教育器材，安全裝船。北風凌冽，黃埔碼頭的結冰，起碼有一吋厚，走起路來，一不小心就會摔個四腳朝天，然而為達成任務，雖堅冰在途，也不能有絲毫畏縮。黃浦碼頭位在長江與黃埔江的匯合口，也是兩江的入海口，滾滾洪流，波瀾壯濶，北望崇明島，平靜安詳的中分江流，美景如畫，有機會如此貼近觀賞，也是一生難得的際遇。我們一邊欣賞美景，一邊監督器材裝船，整整一天，任務即將告成，全校官員及眷屬約在下午五時前陸續登船，就等一聲令下，巨輪就要啟航了。

回憶留滬期間，短短一年，曾經遊覽過的名勝不多，其中最出名的首推豫園。豫園位於上海市東南，始建於明代，充分表現了江南地方的造園特色。佔地約兩萬平方公尺，分為內外兩庭，庭內有「點春堂」、「湖心亭」，「仰山堂」等大小樓閣，園中則有奇形怪狀的太湖石疊成的假山和巨大的龍墻，亦可稱為它的特色之一，慕名往遊，無暇做更深入的瞭解與考究。

涉足最多的是外灘，乘一路電車從虹口公園出發，經北四川路，過外白渡橋即可抵達，因為靠近黃浦江，當時上海的西式建築多羅列在外灘公園的右邊，徜徉在公園的中段，回眸外白渡橋頭的百老滙大廈，驚嘆外國人的建築宏偉。外灘也是上海人休閒的去處，春秋兩季氣候不冷不熱，年輕戀人多以此處為約會處所。

龍華寺，我們對龍華寺原來無多少印象，祇因為紅歌星周旋的一曲〈龍華的桃紅〉，喚起了我們的嚮往，它的歌詞優美，旋律輕快，一句「上海沒有花，大家到龍華，龍華的桃花也漲了價……」，便叫我們不得不走一趟。龍華寺是上海西南郊的古寺，以七層八角型的美麗龍華塔著稱，該塔傳說建於公元二四七年，歷經多次整修，目前為清朝的建築格式，由四十公尺高塔往下看，黃浦江和上海市街景盡入眼簾。寺內三層樓高的鐘樓、鼓樓、彌勒殿和天王殿，以及擁有一點八噸的大鐘之大雄寶殿。這裡的桃花尤其出名，每當春天到來，寺內桃花盛開，前往觀賞的遊客絡繹於途，為龍華寺添了幾分熱鬧。我們去遊覽時已屬春日尾聲，但桃樹的翠綠新葉，已茂盛的展示在眼前。「上海沒有花，大家到龍華，龍華的桃花已搬了家……」歌詞已改，但周旋的歌聲，訪佛仍蕩洋在空氣中，令人留連盤桓，忘卻歸去！

別了，上海！汽笛一聲長鳴，海宿輪在暮色蒼茫中，緩緩的駛離黃浦江碼頭，眼前巨浪滔天，長江入海口的壯濶場面，深刻的留在記憶中，永難忘懷！

# 38 從北向南寒冷與溫暖的體會

從波濤洶湧的長江入海口，駛向一望無際的黃海，萬噸級的海宿輪駛入浩瀚無際的大海，渺如一粟。我們幾個年輕人初次置身海洋，情緒特別亢奮，徘迴在甲板上，捨不得回到艙中，直到暮色深垂，海面一片黑暗，才悻悻返回艙中。

中國海岸很長，長江注入黃海的南端，緊接東海，巨輪循近海南行，非常平穩，沒有什麼顛簸感覺，就好像與順長江而下一樣順利，展開行李，與同學們在談笑聲中進入夢鄉。次晨醒來，步向甲板，瞭望無際的海面，水色有了顯著的不同，由初時黃色，而藍色，轉變成褐色。據有航海經驗的乘客告知，褐色的海水，表示海水深度，已達四千公尺以上，所以表面上看不到波濤起伏，實際上顛簸幅度大增。當天下午，感覺胃部有些不適，而且身上不時發冷，糟糕是感冒了，於是入艙休息，但輾轉反側，難以成眠，接著就是一陣嘔吐，原來是暈船了，自此伏在床上，再也無力到甲板上任意徜徉，全身軟綿綿的，極度疲憊，連一口水都不想喝。不過嘔吐再嘔吐，腹中空空以後，稍覺舒適，精神亦覺安定。

第三天上午，身上一陣燥熱，難道真的感冒了，勉強步上甲板一看，船員們都是一身輕裝，氣候逐漸轉暖，厚厚的寒衣再也穿不住了，原來船已駛進閩南廈門海域，有名的廈門港即將呈現眼前。

學校選定之校址，係在漳州，位在龍溪縣境，九龍江水路可直通廈門，但九龍江不能行使巨輪，僅其南岸之石碼小鎮，可停泊較大船隻，海宿輪在中午時分在石碼卸貨，人員亦在此登岸，我們押運人員至此任務已圓滿完成。此時猶穿著在上海時的冬衣，走在街上，當地居民像看外星人似的盯著我們，令我們非常尷尬。因為從上海到閩南，氣候懸殊很大，冷熱不同，宛如冬夏，讓我們深深體會到中國之大，短短兩天多，卻經歷了冷暖兩個世界。所幸我期同學曾起（後在台逝世）、闞之文兩位，畢業後奉派到閩南師管區服務，就在漳州辦公，聽說母校遷來，特地前來歡迎，邀我們即刻到旅館洗澡、更衣，盛筵招待，解除了旅途疲累並互敘離衷。

## 39 漳州半年孕育一生轉捩點

初抵漳州，面臨的第一難題是語言的困擾，閩南方言自成一體，雖然車同軌、書同文，但在語言方面溝通頗有困難，其實人性善良，走到市場上購物，比手劃腳，指物詢價，就能解決，借此方式學習方言，未嘗不是一種收穫。

經理學校校址選定漳州市郊舊閩南醫院，因醫院早已停辦，房舍全空，稍加修葺即可使用。學校行政部門設在二樓，一樓充作教室與圖書館。單身職員宿舍，設在頂樓一側，我們幾個同學各踞一室，晨間開門就是廣濶的頂樓平台，極目四望，遠山、近水，樸質的漳州市容盡收眼底，身心為之一暢。可惜為時不久，學校奉令招訓基層經理人員短期訓練班，為期三個月，我們居所遂遷讓隊職人員，而移住漳州市中心區的龍溪縣政府黨部宿舍，每日走路上下班。安步當車，別有一番生活情趣。此際，學校行政單位調整，增設財務室，派十七期學長劉敬之為主任，我則自圖書館調往襄助。斯時，國共內戰進行益見激烈險竣，蓋自徐蚌會戰以來，國軍士氣低落，兵敗如山倒，京、滬兩地一失守一遭圍困，形式岌岌可危，加以幣制改革失敗，金元券、銀元券日夜貶值。當時掌理閩南軍費收支業務的係福州收支處，但機關學校經費劃撥緩慢，為應急起見，財務署權令收支處可以衡酌狀況，開放暫借，以因應幣值的劇貶。我奉令持借據代表學校到廈門福州收支處的辦事處洽領一個月的薪資，奉批可後，轉往銀行領取，接著到街上較大的銀樓悉數換購黃金四兩，持返學校覆命。在銀行領錢時，排在我後面的另一機關財務官，領訖後先往飯館午餐，飯後抱著一大堆銀元券再到銀樓換購黃金而遭拒絕，因為就在中午十二時後，市場上已宣布政府所發行的貨幣，不再流通使用，聞之不禁令人捏一把冷汗，倘若我也先去吃飯，則全校同仁的薪資不就泡湯了麼？事後想想心中大感安慰，總算在當時經濟崩潰邊緣，為同仁做了一件善事，也算是一樁小小成就，一生榮幸。

從廈門返回漳州，在代理校務的李樹元少將督導，總務部門的協助下，將四兩黃金換購米票轉發各同仁，解決了大家的吃飯問題，獲得大家一致讚賞。

三十八年五月，經理學校奉令結束，教職員每人獲發三十元美金遣散費，聊表安置。為保全珍貴的圖書及文物，臨時設立經理學校文物保管處，限期遷往台灣，繳還政府。從學校畢業不滿兩年，就第一次嘗到了失業的滋味，處此困境，真需要為自己的前途慎重的作一番打算，斯時，內戰的烽火業已逼近福州，北返故鄉之陸空交通無一可通西向重慶或南向廣東，皆無意願。適在此時，先期到台灣服務的同學王良球，寄來我與摯友徐應中的台灣入境證，於是東渡之志遂決。

# 40 良緣風締孤蓬遂收

我留校服務之初，派在教育處服務，有一天在辦公室走動，偶然瞥見楊先生辦公桌玻璃板下，壓著一張少女玉照，白衫褐裙，手持書本，標準的現代學生模樣。詢諸另一同事，獲知乃楊先生之女公子，正在學校肄業，不久即將畢業，不禁驚為天人，衷心仰慕，因為她的風采，正是我夢寐以求的儷人倩影，可惜無由相識。

事有湊巧，學校第一批東遷之人員及眷屬尚在江北縣候船之際，我奉派接管隨隊財務人員，有幸加入第一批東遷團隊，而與楊先生一家偕行，因而有緣與楊家千金第一次晤面，但無由交談，而楊先生世宦之家後裔生性保守，家教極嚴，每有出入，全家偕行，自然無緣接近。船行途中，雖然在船頭及走廊上相遇，但亦憚於禮教，祇在視線偶一接觸間，彼此欣賞而已！行抵宜昌，我自已難以遏抑仰慕的一片赤誠之心，寫了一封仰慕欽羨的小簡，託其同學劉芝芸小姐轉交，詎知此一小簡，為古板的楊老先生獲悉，大為不滿。如此我們既無交往機會，事情就此沉寂了很久。旅居蘇州閶門外的大東旅社，有幸對門而居，偶聞她悅耳的歌聲，暗自高興，但亦無由邀她同賞蘇州的遠近風光，辜負了流金歲月，引為最大遺憾！直到她們遷居上海眷舍，她就讀虹口公園附近之上海法學院附中，我亦僅能在學校門口，偶爾遙望她身著青色大衣飄然而過的綽約風姿。南徙漳州後，楊先生一家與同班同學周松陽兄合租一所民居，我們同學每逢假日同訪周府，與楊小姐碰面機會大增。從周大嫂穆女士口中，瞭解楊小姐生活點滴愈多，對她的傾心愈深。某日在她們租屋的後廊中，目睹她正在忙於全家炊事，一付勤於持家風儀，不覺與她做第一次交談，實質戀情自此益見落實。乃進一步籌思在東渡台灣之前，必須就今後生涯作更具體而妥實的規劃，倘若一旦隻身遠颺，很可能失去一生最佳伴侶，良機稍縱即逝，須在此關鍵時刻作一個勇敢而正確的決斷，不容蹉跎遲疑。主意既定，即從多方面探詢楊家更多資訊，於是按照北方習俗，商請一位與楊家有世交的白老師，正式向楊家提親，並在白老師夫人見證下，第一次與楊小姐會面，傾訴欽慕之情。此後陸續與之相晤多次，坦誠交心。那時我形同失業，又無積蓄，以一介窮光蛋之身份，蒙楊小姐以身相許，衷心感動！而楊老先生對我兩年多來之默默觀察，認為我的任事與做人，尚不失為一個誠實而可靠的青年，經我誠懇的保證善待伴侶一生，堅守一生下，遂允許了這段婚姻。

接著摯友周松陽兄即勸我迅謀結婚，俾相偕東渡，以瞻未來。並由我的敦請，一力承擔為我之婚禮周密籌畫，參與協助者有徐應中、于紹中、周宗瑤（高我們一期）諸同學，我這個當事人反而一身輕鬆。就這樣，我倆選定三十八年六月十九日，在龍溪縣政府禮堂舉行婚禮。敦請老師吳文權少將證婚外，學校老師同仁參加者一百餘人，乃一次極完美之婚禮。此皆出自松陽兄之精心策劃，以及應中、紹中、宗瑤諸學長之全力協助之功，至今余夫婦生活和諧愉快！每一憶及，忍不住在子女歡聚一堂時，感佩稱頌諸同學之熱忱幫助，在我人生中乃難忘之美事一樁。婚後在漳州租屋暫居，以待船期。

第三篇

# 海隅半世紀

# 1 抵台初期

三十八年八月二十日，辭別了岳家，學珍與我跟隨經理學校文物保管處在漳州龍溪河邊，登上一艘小型汽輪直趨廈門，轉乘招商局的錫麟輪，於當晚十一時左右起碇。我們幾個生長在內陸的青年，再度投入茫茫大海，橫渡台灣海峽，浸淫在海洋文化的懷抱，不識前途如何?廈門距基隆港約兩百海浬，其實風平浪靜，毫無顛簸之苦，次晨六時抵達基隆，因係團體行動，所持入境證並未查驗。人員眷屬陸續登岸後，隨所攜文物及印刷器材直趨台北市延平北路台北橋附近的延平國民小學暫駐，類似部隊移防到某處模式，皆以學校教室為臨時駐所，與逃難之難民無異，因為學校正值暑假期間，短期停留尚無問題。

抵台第二天，首要工作即為岳父楊茂之先生一家（兩個兒子一個女兒）申請台灣的入境證，申請表送到文物保管處加蓋關防，但未獲同意。吳文權、李樹元兩位老師面示，不能辦理申請原因，乃來台後工作難覓，生活困難，且李老師與家岳楊茂之先生係多年舊交，來台後無法安置，將使生活陷於絕境，故不能不考慮後果，如此遷延旬餘，內戰烽火已逼近漳州，台閩海運再無法通航，導致岳家滯留漳州，連通訊亦不可能。這種遺憾令人難以接受，但亦無可如何！我與內人祇能把這種痛苦，埋在心裡，長久咀嚼！軍人待遇實在太低，想轉行到一般機關或企業界發展，然而人地生疏，欲短期內尋找理想工作，困難多多。最後仍承吳文權老師之介，到東南補給區司令部經理處佔上尉書記的缺，實支中尉薪資，每月領取新台幣六十元的餉銀，勉可維生，但沒有房子可住，同班同學又係同鄉的摯友張耀宣服務於財務署，兩人的辦公室僅相距數步之遙，他與夫人住財務署位在基隆市西定路之空餘倉庫內，願借我一間暫住。惟每日上下班需乘交通車往返，車程約一個小時，不得已祇好曲就。住處距搭車地點尚有半個小時行程，基隆多雨，冬季天短，每日消耗在車上及路上時間至少三個小時。當時的基隆號稱雨港，上班時雨衣膠鞋，抵達台北又是艷陽高照，那種每天一陰晴，兩頭都看不見天色明亮的日子，實在難熬，而居住在偏僻山區，陰暗潮濕，沒住多久，學珍就感染了嚴重的惡性瘧疾，一副健朗的身體頓時消受了許多，當時我陪她到基隆醫院就診，看到她萎靡的狀態，從心底湧現出無名的悲哀！她以華樣年華，選擇與我受苦，太不值得，謀求改善之念不斷滋生。所謂誠於中形於外，每在辦公室稍有閒隙，不免鬱鬱寡歡，同室的長官，處長與兩位副處長等三位將軍均係軍需界前輩，對我這個年輕的後學，自然而然寄予相當同情。沒有多久，一位副處長曾卓元少將外放台中糧秣廠廠長，上任前囑我隨他前往，並允到職後，將設法為我的眷舍問題予以解決，我聽了自然高興，當下明白表示，需獲直屬長官處長李公的允許，他說我負責向處長要人。行前，處長召我面示，曾先生需人孔亟，你可暫時前往，你雖然在此服務短暫，但你是個秘書人才，好好努力吧！想不到服務期間，為李先生處理往來信函不多，竟獲如此賞識，頗出我的意料。

到台中不久，即獲分配日式房舍一間，不過不是獨門獨院，而是和一位蕭姓會計課長合住，蕭係在經理學校同事，其配偶與內子亦認識，雖係兩家合住，但相處尚融洽，有一個安定的住處，心願已足。可惜未住多久，老處長李先庚少將，捎來消息，他奉令接掌高雄小港被服廠，將於三十九年七月一日到職，囑我在六月三十日到達，再度追隨他服務，曾廠長與李先生是好友，不能不放人，我因蒙老長官垂愛，故亦不辭南北奔波之苦，欣然準時到達，並被派在秘書室服務，暫時和軍需實務脫了節。雖然如此，但小港被服廠頗具規模，員工兩千餘人，織布、縫紉、裝具等各類專業工場散佈鳳山、東港各鄉鎮，乃一綜合性軍品生產機構，負責幾十萬陸軍生活必需品之供應，關係陸軍袍澤的冬暖夏涼，責任綦重，我參與軍品工業的行政管理，嚴格說，仍屬軍需品之補給業務範疇，尤其是工業管理，可謂作全盤性製造運作的體驗，故深具實質意義。

小港位在高雄縣鄉下，接近紅毛港海邊，交通很不方便，雖有糖廠小火車每日往返鳳山若干趟，但以運輸甘蔗為主，被服廠員工雖可免費搭乘，但車不定時，我第一次抵達時，就是扛著行李，從小港鄉步行前往的。

員工宿舍就設在廠區附近的青島村，房舍簡陋，形同難民營，我也分配到一間，迎接學珍從台中來住時正值雨季，宿舍地基泥濘不堪，一張雙人竹床放在屋內四腳下陷兩吋，實難居住。多數員工係從大陸青島被服廠遷來，大難初過，有一容身之處，大多人皆咬牙忍耐，徐圖改善。同仁汪光安先生租居小港鄉日式宿舍，其夫人籍隸北京，與內子誼屬同鄉，慷慨的撥出一小間，接納余夫婦暫住，直到我分配到廠內正式宿舍為止，及今思之，猶對汪氏賢伉儷之熱忱幫助，感念不已！

居處初定，在工作上即行力求表現，每日除處理李先生之往來信函及特別文件外，並擔任廠務大小會報之記錄工作，因而對各部門工作皆瞭如指掌，如今靜思檢討，此一階段，實為個人工作歷練之黃金時刻。雖然工作尚稱順利，但物質生活異常艱困，微薄的薪資頗令我捉襟見肘。其時內子有孕在身，不能隨同仁眷屬參與工場衣服釘釦工作，以賺取少量工資來貼補家用。當時政府還未實施軍人眷屬計口授糧制度，開門七件事全靠個人薪資支應，生活緊繃，每日買菜用度，常以元角計算，有次，我為購買較便宜之木炭，騎了破舊腳踏車，遠赴鳳山採購，歸程將一大簍木炭綁在腳踏車後座，從鳳山沿軍校及步校（陸軍步兵學校）門前捷徑，一路行來，顛簸崎嶇，一手扶把，一手伸向後座，維護木炭竹簍不致墜落，殆抵達當時已閑置之小港機場附近，一簍木炭，仍從車的後座傾斜墜落，累得我全身汗流浹背，狼狽不堪，幸有廠內同仁經過，幫忙扶持，始得安抵家門，此中況味，沒有實際經過者難以體會。

婚後兩年，長女次女先後報到，生活益加艱困，亟思突破。乃於公餘寫些短文，企能賺些稿費，煮字療飢。當時南台灣有一個小報《動員日報》，投去的短稿，多獲採用，可惜他付不出稿費，只有〈鈀肺湯〉一文，投寄新生報南部版西子灣副刊，收到一次稿費，戔戔之數助益不多。斯時李廠長有公（李先庚字有光，朋友及部屬多如此尊稱）奉層峰畀以更重要之任務，到曼谷李彌總部任黨代表，我遂奉調擔任全廠二千餘官兵員工糧秣與服裝管理工作。未幾，政府為改進軍需工業，首從內部管理改進著手。遂在軍需教育機構，設置成本會計專業訓練班，召訓具有會計基礎知識人員，作為期四個月之密集訓練，然後分發各軍需工廠建立制度澈底改進，我奉調參加。結業後奉調台中工兵器材製造廠，襄助十三期學長袁傳細建立制度並投入實際工作。其時政府為謀對軍人生活做有效改善，採取實質的軍眷計口授糧制度，所有軍眷按大、中、小口，每月給予眷糧卅斤、廿斤，或十斤，並附燃料、油、鹽、魚、肉等副食品，且補給到家。如此我的生活自然就獲得大幅改善。工材廠分配給我一間僅可容膝的眷舍，聊避風雨。但居所與辦公室相距甚近，上班的鐘聲清晰可聞，生活、工作、居家密切的連在一起，同仁相處尤為融洽，為我來台後從艱困進入舒緩之最佳時段。其後不久，袁學長奉調財務經理學校教官，主辦該廠成本會計作業遂由我接辦。為熟習作業細節，我花了三個月時間，親自操持直接材料、直接人工、製造費用三項成本要素之作業過程，以奠定實際成本作業基礎，自覺頗有心得。其後成本作業小小團隊各成員，在每一環節發生問題時，皆能由我協助解決。一次國防部主計局派員分蒞各軍需工廠，督導檢查成本會計執行成效時，認為陸軍工材廠最能遵循國防部核定之會計制度嚴格執行，頗多嘉許。督導組領隊係國防部主計局會計處成本會計科長貢晉堂先生，為登記有案之會計師，因軍職在身尚未執行會計師業務，但在台北計政界頗具聲望。

# 2 世路崎嶇

工兵器材製造廠為陸軍工程署下轄之基層單位，負責製造工兵作戰時構築工事各類器材為主要任務，規模雖不甚大，但供應陸軍軍隊之器材補給則遊刃有餘。當時美軍顧問團，號稱執行其美援經費之監督與有效運用，大小顧問遍佈各機構，名為指導作業，實則難免橫加干涉，令人反感，而軍事補給機構，均仿效美制改編，工材廠改隸工兵基地庫管轄，財務會計機構亦隨之移駐，庫長為掌握財務，建議將我調離，但接替人員，因不諳成本會計作業而未果。惟我已意識到官場陋習，如不欲隨波逐流與意欲貪瀆之輩沆瀣一氣，必被排擠。余幼承庭訓，潔身自好需展現勇氣，故而後生涯規劃須及早調整，基層單位不宜久待，雖然眷舍已因眷口超過五人而調整到較佳環境，可惜單位編制太小，久任一職，難有歷練，且無發揮空間，於是申請到台北財務學校高級班進修，眷屬仍留台中，兩地奔波，嘗盡了另一種艱苦，但亦因此創造了人生的轉捩點。

財務學校設置在台北的馬明潭，屬潮濕地帶，從氣候溫和的台中，投入一個潮濕的環境中，初時頗有不耐，但不久就完全適應。當時校長顧書桂先生係需界前輩，學識、道德頗足景仰，倡導生活三愉哲學「愉快的學習、愉快的工作、愉快的生活」，對學員們作人作事的影響頗為深遠。高級班進修重點，以高等會計及成本會計為主，經濟、財管、預算控制等亦極重視，短短半年之進修，原不能有高深的研究，但同學們都經過多年實務經驗，如今再與理論作一番印證，仍然獲益不淺，個人感覺，殊為深刻。相信對爾後工作，助益必多。

高級班學程後期，結業之前，國防部主計局派在別班兼任教課的一位學長，在課餘休息時來訪，談及會計處成本會計課有一中校參謀懸缺，正尋一有成本會計實作經驗者前來遞補，科長貢晉堂先生獲悉我在財務學校進修，特囑其徵詢我的意願，因為貢先生前此到各軍需工廠視導時，對我尚有印象。經我反覆思索，決定膺此新職，雖然家居台中，但內子考慮到我的前途，慨允家務及子女教育，由她一力承擔。於是從五十年（一九六一）起，我即在國防部任職，並於當年晉升中校參謀，主管三軍修護工廠會計制度之研擬、督導，以及推行績效之考核。在此之前，我一直擔任基層單位生產工廠之會計作業，一旦調來層級最高之政策制定工作，難免戰戰兢兢一點不敢掉以輕心，好在生產成本會計與修護成本原則大同小異，短期磨練，不難嫻熟。其時國防部為加強各級主計人員之在職進修，在財務學校設立主計班，調訓各單位中級主計人員作為期三個月之密集訓練。課程內容即有修護成本會計、生產成本會計，以及公務成本會計各二十個小時，由主計局會計處派員講授。我奉令修護成本會計制度之講授，並親自編擬講義。初稿既成，頗獲各級長官肯定，認為我對個人主管之業務，已能掌握其精髓，賜予口頭及書面獎勵。此時，直屬長官對於我的諸多狀況，嚴加考核，認為我心繫兩地，每兩週往返台中台北一次，身心疲憊，難以悉心工作，尤其不願遽爾畀以更重要工作，特地親往寒舍作家庭訪問，發覺內子治家嚴謹，庭園內外清潔，子女教育正常。返回台北後，一面告知經過，一面設法在台北近郊尋覓一適當眷舍，命我儘速遷來，全心投入工作。

國防部各級參謀主管政策、以及制度研訂與督導推行，不作繁瑣之細部作業，但對細部作業，尤其是會計方面的每一環節，必須有深入了解，我來自基層且有實作經驗，在制度擬定時，最能掌握原則且能考慮到程序，及執行成效，故對下級單位作必要之問題查詢與解決之道，頗能得心應手。奉派參加各聯參間協調會報，亦能秉持公正與合理之精神，適度發言，而為各級長官所嘉許，歷年考績皆列甲上。由於對高司作業逐漸嫻熟，個人遂產生自信，似乎較在基層服務期間揮灑空間較大展現辦事能力亦更為強勁。可惜軍人待遇太低，薪資微薄不足以養家糊口，我雖蒙長官提攜，按年資而晉升上校三年，而子女皆已面臨上大學階段，教育費用又逐年趨漲，每逢學期開始，為籌繳高昂學費而煞費苦心，而當時一個上校級軍官薪資，僅有新台一六〇〇餘元，故家用往往捉襟見肘，無論如何節流，亦難得收支平衡，內子雖能精打細算，每月以剩餘眷糧繳公換取少量代金，多方挹注，同時為貼補家用，以客廳當工廠，攬取代工，繡織一種外銷毛線花，以賺取微薄工資，常常熬夜至凌晨方歇，辛勞備嚐，但巧媳婦總不能長期為無米之炊而焦思苦慮，搞得夜不成眠。籌思再三，決定立即自軍中退伍，另謀他就，以謀全家生活之改善，亦為培養子女成材，忍痛犧牲個人前途，按照規定自動申退。惜未蒙長官核准，反遭責難，認為革命軍人應以公為重的一番大道理，至於子女學費可以協助解決，如此反復多次，並歷述個人生活壓力，委實難以承受，最後始獲准許在五十八年十二月一日，正式脫卻戎裝，揮別二十二年的軍旅生活。

## *3* 另一段艱苦的路

退伍前原約定聘用我的一家紡織公司，用人政策突然轉變，寧願以低薪聘用兩位會計，亦不願用高薪聘一個高級專業人員，致使我的轉業工作發生了意外轉折，心中難免懊惱。但我仍充滿自信，心想不患無位患所以立，祇要自己備具專業知能，總可以找到合適的工作。退伍生效第二天，一位曾在成本會計班的王姓同學徵詢我的意見，介紹台北一家金屬公司，須延攬一位駐在六堵工業區的工廠專員，如有意願，可於次日到台北市南京東路該公司洽談，經如期前往，承該公司一位戴姓秘書詳談，確認我的工廠實作經驗，足可勝任該項工作，迅即洽妥每月工資三、六〇〇元，附加交通費四百元，工資總額四千元，較我在軍中上校待遇多一倍又四分之一，並確定十二月五日開始上班。退伍後還來不及休息，就在另一條路上展開衝刺，累則累矣，但心中仍感欣慰，至少無須品嚐失業的苦況，對家人亦有所交代。

六堵工業區位在基隆附近，每日天不亮，就得從板橋住處搭車到台北，再轉車到六堵，晚間返抵家門，已是萬家燈火，而基隆地區多雨，抵台初期借住基隆西定路同學家的情況，又重複上演，委實不是滋味。而這家公司的工廠，以製造外銷餐具為主，不鏽鋼材質的刀、叉、湯匙三種產品，單純極了。位在工業區的同性質三家工廠，祇有這家虧本，究其原因，實為管理不善所致。以用料言，一塊鋼板每塊可以裁出刀叉湯匙的數量，沒有嚴格的標準，材料浪費造成的損失無法估計，而施工標準及單位工時亦無嚴格分際，成品數量更難控制，工人盜取更是司空見慣。外銷出貨，不能有效控制時間，而需臨時加班趕工。工人生活及工作管理，散漫無紀律，因過失而被開除的工人，甚至可以越墻進入廠內，享用午餐。余初來時，了解狀況之後，按部就班，首先為其建立材料管理制度，但人員素質良莠不齊，殊難有效配合，於是審時度勢，答應了另一家公司之招聘，第一家公司服務不及三個月而辭職。但民間生產機構皆缺乏完整之管理制度，人員流動頻繁是其共有特色，且上層經營者，不是靠關係，就是缺少專業經營能力，資本不足，資金調度運用又欠靈活與技巧，在這樣的環境中，欲靠自己的專業而有所發揮，戛戛乎難矣。

從軍中退伍後，在為期一年又七個月的短短時間中經歷了兩個民間企業及一個工程單位的雇員工作，深深體會到非公務人員的工作艱辛，待遇雖較優渥，但制度混亂，欠缺合理的工作秩序，個人工作效率難以有效發揮，團體績效亦不易有充分之表現，故而深刻認知到制度之建立，以及管理方法之重要。軍事工業管理常因繁瑣之法令所限，頗受詬病，但民間企業，組織散漫，管理無制度欠協調，雖無法令現制束縛，足以靈活運用人力，但多數公司資金不足，財務調度不良，往往因此影響團體成效不彰，該賺錢的反而虧本，置身在如此不健全的機構中，對個人而言無形中形成一種浪費，因此尋覓一個較理想的工作場所，乃當務之亟。

## 4　待價而沽回歸本行

就在我歷經尋找工作一、二年的辛苦蹉跎歲月中，有一個半官方的公司即將誕生，那就是國防部與教育部共同投資的公益性電視台的設立，其任務一部分是政令宣導，一部分是空中大學，參與經營者係國教兩部指派，但純粹民營，與已經成立十年或兩年的台灣電視台、中國電視台，形成鼎足而力的態勢，三者之間，皆以商業廣告的收入自給自足，自負盈虧。激烈的競爭絕不能免，所以必須有健全的會計制度，與精確的成本計算，才能賺錢。所以電視台成立之初，即決定延攬一個有會計實務經驗者在財務部門任職。於是公開招考，應徵者多係高學歷、年輕，但無實作經驗。財務主管由出資比例最多的國防部指派一位少將將軍轉任，他就是軍需學校的吳以德先生，吳先生字潤吾，在軍中各機構歷任主計主任等要職，所以想自軍中物色一位有成本實作經驗者，襄助建立會計制度。經與其曾經共事的親友王良球及同學唐夢華推薦，認為我在國防部主計局任職期間嫻熟此項業務，乃派已在中華電視台任職的于紹中同學到舍間徵詢個人意見，經我慎重考慮後，認為待遇不錯，職位雖不高，但團隊中成員，百分之六十來自軍中及教育機構，業務之協調與推行應無問題，於是提供了具體實作之簡要資料，交同學于紹中攜回參考備用。其時我正在工程署任僱員，襄助另一同學處理一般財務業務，待遇雖不高，但工作輕鬆愉快，等於是騎驢找馬，所以並無焦急等待之心境。大約過了月餘，亦即六十年的六月下旬，獲知華視已決定聘余為助理財務師，月薪五千七百元，並於七月十六日生效，但工程署的工作尚未辭卸，故自七月十六日起，半天在原單位，半天在華視上班。好在華視開播定在十月三十一日，現屬籌備階段，尚不致影響工作。

華視新建播映大樓位在光復南路一百號，尚未完工，籌備處暫設北市南京東路體育館旁邊租來的一幢大樓裡，我初往報到，即受命以建立會計制度工作為起點。公司用人原則極為精簡，財務會計工作人員特別少，故一人多身兼數項工作，從原始審核到編制記帳憑証，所有細部工作都得親自操持，但電視節目製作在性質上與生產機構完全不同，故會計科目之研訂須首先釐清，並參考已開播多年之台視、中視所蒐集之資料，審慎調整訂定，俾迅即步入正軌。此一工作看似簡單，但與各部協調頗費周章，好在參與籌備工作人員，或來自國防部總政戰部，或來自教育部社教司，多具有依法行政之觀念，所以能在最短期內建立了初步作業程序，迅即付諸實施，了無障礙。

電視台在體制上是民營，而實質官股佔的比例很高，人員素質為從官轉商，勢須在觀念上有所改變，所以由總政戰部主導，假政治作戰學校舉行為期兩週之密集講習，聘請政商名流擔任講座，所有已納入體制內的各級員工必須參加。類似短期之訓練班，食宿皆採軍事管理方式，希望從根本上改變「棄官從商」之念，以利開播後多種作業之靈活運作。從學校畢業至現在，二十餘年不曾體驗集體生活，如今重溫舊夢，別有一番滋味。講習回來，籌備工作進行特別積極，台址位在光復南路的建台工程逐漸接近完成，大約九月初，各部門開始進駐新址。開播日期進入倒數計時階段，各類綜藝、戲劇節目陸續試製或預製。我為瞭解各類節目製作過程，以便訂定每一類節目之標準成本，親至到各影棚參觀，從節目之製作準備，到節目錄影完成，所有細節均作完整紀錄，絕無遺漏。其次對節目播映所需時間之長短，亦有詳細紀錄，因為電視台之收入以代人播映廣告為大宗，代人播映節目亦嘗有之。自製自播之節目而外，亦有替外單位播映節目者，故外製或自製節目之播映，其成本不同，售價亦不同。吾之所以參與各類節目之製作與播映程序之紀錄者，即所以作為制定計算各類節目之成本必有之依據。大約耗費一年之時間，憑自己測定之資料，以及參考自友台所蒐集之資料，反覆研究，確定了成本計算方法，由專人每日登錄，由節目、新聞、教學、工程各部門之資料彙整計算，月終編製成本計算報告，作為最高管理階層考核各部門績效之重要依據。

## 5 設計華視文化事業公司完整之會計制度

我來華視服務，係蒙需校十三期學長吳潤吾先生推薦、延攬，前已述及，在工作方面自將力求表現，俾不負提攜者的期望。當務之急以建立各種制度為重點工作，並從較艱鉅之成本會計作業為優先進行之項目，此一工作業已建立完成，我亦晉任財務管理師，並主辦會計工作，除處理一般會計事務如預算之編製協調等經常性工作外，第二階段工作即為設計公司之會計制度。此一設計工作，一般公司多委由資深具有名望會計師從事，價格高昂，動輒索價數十萬元，而我們不假外力而甘願自行設計，亦所以尋求自我磨練及寶貴經驗為宗旨。心意既決，遂積極展開工作，先從會計事務處理準則著手，因為華視公司雖以電視為核心，但所屬事業初步規劃，尚需分設電影拍攝（電影製片廠）、廣告設計及經營、文物出版社、錄影帶光碟之錄製及經營，所以公司將來轉投資之事業單位，均需比照同一之會計制度實施，以期步調一致，全盤控管。故凡資產負債及淨值、收入及支出、預決算之編製及報告等均需詳加規定。至於成本會計處理程序，則以數月來實施之測定，舉凡材料、人工、費用各項細部作業，皆做具體而縝密之規定，使執行此項業務之人員有所依據，最後綜合整理，按商業會計法之原則與稅務法、公司法等之特別規定，就公司本身之性質和所屬事業特性，按下列順序：

壹：總說明。

貳：簿記組織系統。

參：會計報告—依種類及格式分別說明。

肆：會計科目—就資產、負債、淨值、損益詳予說明。

伍：會計簿籍—包括種類及格式。

陸：會計憑證—包括種類及格式。

柒：會計事務處理準則及程序。

就以上各類綜合整理彙編完成後，先送請國、教兩部主管部門初審，再由總政治作戰部轉請國防部主計局復審。主計局由主管會計業務處全盤審查後，再由副局長主持召開審查會議，由本人代表華視公司前往說明通過後，復經主計局轉請行政院主計處做最後核定，逐層轉頒華視公司照案執行，一部完整的會計制度自此完成。

## 6 尋求取得第二專長

初進華視，僅以二級職員任職，雖然不久即晉任一級職員，但以華視人事結構特殊，位居要津者多係政戰出身，長官部屬多具幹校師生關係及校友情誼，同行之財務團隊同仁，或由政戰部主計部門派遣，或由政工幹校調任，其多年同事上下左右協調密切，唯獨我係新手，辦事必須謹慎小心，何況原來推薦我進華視服務之吳先生，又復轉任行政院輔導委員會榮民服務處總處長公職，新任主管雖未確定，但與我不熟習殆無任何疑惑，於是自然而然產生了危機感。謀求另一個求生管道，就成為個人生涯規劃的迫切需要。適於此時，行政院輔導委員會委託考試院舉辦一次乙等特種考（相當於高等考試）試，及格後即取得文官薦任職以上任用資格，而且可以即刻派職，我乃報名參加，適合我參加的考試類別有會計審計、財政金融，以及稅務行政等項。考慮在三，遂選擇了「稅務行政」，因為在那個階段，政府實施考用合一政策，一旦考取可望分發各級稅務機關任職，而稅務人員待遇較高，應該與華視待遇相差不多，務實而言應是正確的。報名後積極準備應考，而考試科目以會計學、經濟、財政及民法債編、稅務行政為主。好在退伍後幾年，我在民間企業輾轉過一、二年，對公司法、所得稅法與其他稅務法令涉獵漸多，瞭解稍豐，乃毅然一試。不過公務繁忙，準備時間相對減少。考期已屆，祇得憑自己在學校受教時一點老底子，姑往一試。考試場地數十處，應試者一兩千人，錄取機率不到百分之十。記得我分配的試場在北市萬華地區之南門國中，最後一節考財政學，中午休息時外出午餐，經過一個書攤，隨手接過一小販推銷的考前猜題單張，利用午餐時間略一瀏覽，下午考試時居然有一題被我猜中，這大概應歸功於命運罷。及至放榜我居然被錄取，與我同時被錄取的尚有需校同班同學程文濤以會計審計人員上榜，其後不久，他即被派在菸酒公賣局任科長職，後即以財政部某單位會計主任職退休，退休後仍與我常有連絡。當時我在華視已完成會計制度之設計工作漸趨穩定，估計不致被解僱，所以考選單位來函徵詢我需否立即派任工作時，乃正式函覆暫時不欲轉任公職，但文官任用資格仍可保留。

## 7 教育子女次第完成學業

當初從軍中毅然自請退役，就是為培育子女皆能接受良好教育而俱備自謀生計之能力為目的，數年以來，由於經濟狀況稍見寬舒，除長女考取政治大學哲學系係公立大學學費較低外，其餘三個子女，雖皆就讀私立大專院校，所幸我尚能供他們先後完成學業，並獲適當之就業，自感社會責任粗告完成。自問個人對家庭，對先祖之訓誡，對國家之栽培，已稍盡棉薄之力，內心差感安慰。如今長女從事教育工作三十年，桃李滿天下，業餘進修復取得碩士學位。次女研習外文，造詣益深，任職宗教社會福利機構，常到世界各地開會，從事關懷貧弱兒童服務。而三女原習廣播電視，因興趣不合而改習電腦，在公務機關任職秘書，亦足發揮所長。小兒子攻讀四年英文後，獲洋人贊助，到美國攻讀神學，先後取得教育行政碩士及神學博士學位，現任牧師，並與美籍兒媳合辦教育。皆所以順應子女個人興趣，任其自由發揮之成果也。

踏入社會，歷經三十八個寒暑，軍旅生涯二十餘年，戰亂顛沛，嚐盡苦難。倘遠溯對日抗戰期間，拋棄美好家園，像一葉浮萍為時代洪流沖激，從大河（黃河）南北流亡到西北，在炮火飢餓中，翻秦嶺、奔四川，在重慶參加抗戰，曾經從聖戰中享受過勝利的甘甜，可惜關山阻隔，未能返鄉與父母歡聚一堂，終生遺憾！遺憾終生。如今雖促居海隅五十年，憑個人之發憤努力，為國家社會貢獻心力，為培育子女而日夜操勞，總算皇天不負苦心人，讓我獲得一個幸福的家庭，所以還是要抱持一顆感恩的心，向前努力的。

## 8 按時退休嚮往山林

華視規定，二級主管及一般成員退休限齡為六十歲，我到七十三年底已屆退休限齡，由於公司待遇不錯，許多人戀戀不捨，嘗運用多種關係設法延退，我因主管財務收支，人皆以為我與公司高層關係不錯，如能爭取延退應可獲准，但我個性耿直，不屑如此，況個人腿部髖關節曾因受傷置換過人工關節，右腿有些行動不便，雖整體健康尚佳，頗不欲以六旬之年，再與世俗人情相周旋，遂以極愉悅之心情，怡然引退。總計在華視服務十三年又八個月，為我一生中服務最長的一個單位，自忖竭心盡力為公司建立了一套完整的會計制度，應屬小有貢獻，亦獲公司獎勵，如今按時退休，了無遺憾！

## 9 鄉居怡情身心舒暢

家住板橋期間，長達十年，當時子女皆已先後完成學業，負擔逐漸減輕，乃興起置產念頭，當時房價飆漲之風，方興未艾，同仁間閒聊大多以置產購屋為素材。不久有一建商，倡議斥巨資興建鄉間別墅，地點在三峽鎮白雞山下，偶然往觀，心甚喜之。社區命名「山水園」，背面環山，面臨溪壑，僅有一橋取名「種德」，橫臥溪流之上可通社區，地勢險要。進口處橋端設有警衛室，令人有安全感。入內詳察，深覺如世外桃源，原建地雖小有起伏，大致平坦寬暢，內子看後格外歆羨，再核對建築設計圖樣，全部社區僅容五十二戶，每戶皆有前後院落，空間及道路都非常理想，雖然距市區較遠，交通尚稱便利，於是預購一間，約五十坪左右的雙拼式二層樓的小別墅，佔地七十坪，前後院外，另有車庫，惟價值不菲，總計一百三十五萬元，大約每坪三萬餘元、按當時物價實在覺得太貴，好在可以分期付款，兼可在銀行貸款近百萬元，於是咬咬牙，買定了。

別墅落成之日，我還未達退休之年，裝簧佈置也頗費了一番心血，每逢周末假期，全部時間都消耗在整理房舍上，室內室外反覆與內子協調溝通，務期退休後，倆人有一個心身皆逸的休閒處、安樂窩。陶淵明的「結廬在人境，而無車馬喧…采菊東籬下，悠然見南山」，所描繪的鄉園境界，常時嚮往，渴望能早日實現。別墅正前有寬濶的大道，左側有五十坪大小的廣場，視界遼濶，徜徉其間，有無限輕鬆舒暢之感。庭院無圍牆，僅以墨漆欄杆象徵性的與鄰居相區隔，人際關係更感融洽。站在綠地毯似的韓國草坪上，與鄰居隔籬呼取，相互交換美食，彷彿回到農耕時代的社會景象。前院有一棵粗可合抱的荔枝樹，每到六七月間結實累累，當果實由青轉為微紅，而漸趨深紅時，便可採收，荔枝品種原極優良，從二樓陽台伸手即可觸及。當荔枝完全成熟時，無論自採自食，或轉贈鄰居親友分享這豐盛的成果時，那心靈上的甜美慰藉，會自然從心底泛起，感謝上帝的恩典。我與內子嘗依偎著站立在樹下，眺望著隔溪對面的英文雜誌社，以及左側的民義國民小學時，便會慶幸選擇了這富有文化氣息的美好社區而陶醉！

## *10* 山水為伴蒔花種草

七十四年春、我從職場完全退休後，遠離塵囂，從新店移居三峽山水園，過著自由自在的隱居生活。為使庭院更具鄉野特色，把後院臨近池塘的堤岸，重新加以整建，趁池塘水少，把近岸傾圮的土堤，雇工砌石，使近百公尺的堤邊，形成煥然一新的美景，臨邊築以水泥石階，拾級而上，推平坎坷的地面，敷以朝鮮草皮，與堤上三五成行的樹林，呈現出一片嶄新的境界，飛鳥在蔭翳間的樹枝間，鳴聲上下，臨近清澈的塘水，觀看魚兒的悠遊，令人心曠神怡，更從其中體會出山林間的無窮樂趣。

有一種鳥，每晨鳴聲最早，最頻繁的叫聲「你瞧瞧，你瞧瞧」，感覺最親切，彷佛在催人起床。斯時余夫婦聞得鳥叫聲，立即起床外出，迎接陽光與清新空氣，真正的與大自然融合在一起。內子嗜花成癖，前後院、堤邊下，栽培各種花卉，包括盆栽的、種在地上的不下三百餘種。東邊靠近山坡新搬來的一戶鄰居，往往從社區的東邊跑到社區的西邊，戲稱要參觀郭家花園。的確，內子出身名門，世居北京，從七歲起隨父母客居南京，繼遷重慶，雖飽嘗戰亂顛沛流亡之苦，從無參與農事經驗，如今夙興夜寐，把前後院落經營的花團錦簇，一片燦爛，還在車庫後端，把一塊小小的荒地，開闢成肥沃的菜圃，按照季節種植多種菜蔬，又緊靠堤岸，壅土嶺一小條，栽種韭菜。韭菜雖係廉價菜蔬，但我們北方人喜麵食，拿來包餃子，非常適合，而韭菜又是續生植物，齊根割除，一週至十天，又是森森一片，可按期割收，充分享用。從農作物之生生不息，令人醉心田園之樂，內子厥功甚偉。

附近農田灌溉用水，蓄在山腳下碩大的池塘中，池塘面積十數方畝，婉如明鏡，令我不禁憶起唐詩：「半畝方塘一鑑開，天光雲影共徘徊；問渠那得清如許、惟有源頭活水來。」的確，現在的情景正如詩中所描繪的這一潭清水，因為這水的源頭正來自後面的高山流水，源淵不斷，日夜奔流。潦雨季節，池塘滿溢，堤岸中間下方有一缺口，專供排水及灌溉之用的通道。我在通道上方，建立一座迷你小橋，可以站立其上，觀魚賞蓮，兼可垂釣。內子曾在池塘邊栽植蓮耦，不到半年，蓮花已蔓延了半個池塘，大小荷葉平貼在水面上，看水珠在荷葉上滾動，微風過處，水珠忽而凝聚，忽而散開，令人在水珠靜動之間，聆略無限暇思，隱居生活原來如斯！

陶淵明在他的〈歸去來辭〉中寫道：「登東皐以舒嘯，臨清流而賦詩。」當前的情景，正好如是。可惜我不會賦詩，但站在橋上垂釣，亦富詩意。

談到釣魚，我們初住三峽時，堤岸尚未砌齊，為了深入池塘，貼近水面，曾以巨石墜入水中，架以木板，形成三面臨水之勢，垂釣池邊，閒情逸致充分體現，可惜苦守半晌，一條魚也釣不起來。原來附近農家剛剛把魚苗拋入塘中，魚還未長成，只好徒呼負負，但可欣賞滿池荷花，亦一樂也。從池邊經過堤上，踱回後院，從山邊抬回的一塊巨大的青色而不規則的石片，支在車庫左邊的菜圃旁，供疲累時休憩之用，坐在石桌週圍的石磴上，喝一杯青茶、卸一下疲勞，那一種輕鬆自在，是住在城市水泥叢林中的人，難以想像的。每年四月，桐花盛開時節，我與內子相偕步上社區大門口的種德橋頭，右側是高懸的淅瀝瀑布，所謂淅瀝瀑布則是社區前的主溪流之一小小支流，高懸一處斷崖之上，每逢下雨，山水自嶺頭流淌下來形成瀑布，直如蒼壁空中垂掛一疋白練，雨停時又減為涓涓細流，落入溪中，其聲淅瀝，若斷若續，站在種德橋上，可隱隱綽綽看到它的儷影，如在靜夜，又可清晰聽到水聲，社區首建者，將其定位為觀光景點之一，頗具創意。直前是桐花夾道的筆直大路，徘徊其間，仰視濃蔭蓋頂，足踏落花如雪，那情景令人流連。

種德橋畔，樹木扶疏，初履此地，大多有入桃花源的驚奇印象。遷住山水園之初，親家翁馮先生購贈一幅晉人書法家所書條幅，字跡飄逸蕭灑。內容係描述一勝景，文曰：「橋盼垂楊下碧溪，君家原在北橋西；來時不似人間世，日落花香山鳥啼。」與此間情景極為契合，頗值珍惜，雖然不是真品，但複製神似，特別懸掛在書房，朝夕欣賞，有些附庸風雅。在書室中另一幅山水畫，懸在壁上，感覺有些單調，乃商請一擅於書法之友人撰一對聯，懸掛兩旁，用資調和，此一對聯出自名家，為杭州某勝景一亭閣所懸楹聯，文曰：

穿牖而至，夏日清風冬日日，
捲簾相見，前山明月後山山。

此一對聯，係寫實作，亦切合斗室情景，余喜其高雅，特借來充實書室，因不敢掠美，故為說明，免得別人妄加猜測批評。

書室臨窗，窗外一片綠茵，係內子精心培植之朝鮮草皮，小外孫女張為鈞（我們暱呼鈞寶），經常跟隨在姥姥身邊在草地上跑來跑去，有時弄花，有時捉蟲，構成一幅絕妙的親子圖畫，含飴弄孫之樂，在我們心中留下不可磨滅的印象。

書室雖小，但軒暢明亮，鄉居期間，盤桓其中，無論讀書或寫字均感怡然，元儒翁某在其所著一瓢稿中，有〈四時讀書樂〉一文，令人欽羨，其中所述：「讀書之樂樂何如，綠滿窗前草不除，……，讀書之樂樂無窮，瑤琴一曲來薰風……，讀書之樂樂陶陶，起弄明月霜天高，……，」差不多都可以在這裡體會印證得到。前院大門迄西之欄柵外，遍植一排菊花，甫交秋節，菊花燦爛綻放，歷久不衰，陶淵明採菊東籬下，悠然見南山之情景，遂即呈現眼前，緬懷先賢，得毋令人激發思古之幽情！

## *11* 企求安全大隱於市

鄉居之樂樂無窮，但亦有安全上之顧慮，有一次驅車送女兒回板橋，繞過民義國小不遠，前面竟有一青壯少年，以哨音阻車，並躍身撲上車頭，意圖勒索，詢問原因，則吞吞吐吐不知所云。此時前不臨村後不臨店，難以尋人協助，乃警告此一半醉半瘋少年，如不下車，我將不顧一切向前衝撞，並徐徐向前推進，少年心知不妙，踉嗆退向路邊。此後自覺鄉居雖好，但安全更重要，而且家居週遭數次發現蛇蹤，躊思再三，決定遷居新店，俗話說，大隱隱於市，若余者，升斗小民，何敢言隱，不過圖個人生活安全方便而已。

第四篇

# 大陸探親

# 1 四十年來家國

民國三十八年（一九四九年），自福建漳州渡海來台，原以為國內政局短期內可望澄清。詎料一晃四十餘年，消耗了青春，蹉跎了歲月，從青年到白頭，其間辛酸，相信眾多促居海隅者，皆有共同的體驗與感受。政府播遷來台，稍事穩定後，一意勵精圖治，冀望再造中興，但由於採取了與中共不談判、不妥協、不接觸的鎖國政策，注定了千萬民眾、百萬雄師，坐困海隅的命運。雖然韓戰使政府穩住了陣腳，第七艦隊保住了台灣的安全，但在我的心靈中，總難免有作客他鄉之感，所以每讀王維的詩「獨在異鄉為異客，每逢佳節倍思親；遙知兄弟登高處，遍插茱萸少一人。」內心便掩不住思親望鄉的悲痛！可是政府管制嚴密，連一封書信也不能寄出，又可奈何？元遺山的詩句「……倚劍長歌一杯酒，浮雲西北有神州」，時代不同，但歷史為人類製造出共同的感嘆！令人扼腕者再。

# 2 近鄉情未怯

七十年代中期，以生命與鮮血收復保衛台灣的老兵，從三十年代末期，投入戎行，歷經四十年漫長時間的煎熬，多已垂垂老矣。政府雖然設立輔導機構，建立榮民之家，加以照顧安養。但終敵不過少小離家老大猶不得歸的思鄉情懷，紛紛以間接和直接的方式呼籲政府開放回大陸探親，因為老兵的鬱悶憋在心理無法宣洩，會令他們發瘋的，是違犯人性的，如果一味杜塞，一味限制，很可能釀成無數悲劇而造成社會的不安。蔣經國先生基於人道考量，遂在民國七十六年（一九八七年）宣佈一般百姓及榮民可以回大陸探親，但在職軍人和一般公務人員仍在嚴格限制之列。因為我從軍中退伍已超過十年，從民間機構退休也已三年以上，所以可以返鄉探親。可惜的是我在三十二年（一九四三）離家外出讀書時，一個圓滿的大家庭，歷經四十年的風吹雨打，已經支離破碎，白髮雙親已在苦難歲月中受盡煎熬而先後去世。諸多弟妹雖在驚滔駭浪中繳幸存活，生活仍充滿艱辛。唯一遺留在大陸的兒子，為了討生活常需遠走他鄉，靠苦工渡日。當我從香港乘飛機抵達北京時，卻須到工地尋覓愛子，再返鄉祭掃祖宗廬墓，心中的悲苦誠非筆墨所能形容，「樹欲靜而風不息，子欲養而親不在」，人間悲劇，尚有過於此者乎？古人有「近鄉情更怯，不敢問來人」之喟嘆，吾雖近鄉情不怯，但又如何問來人呢？

## 3 拜謁吾祖吾廬

故廬僻居鄉間，緊靠著連綿山丘，東邊是有名的九嶺十八凹，為我幼年經常擁抱的梯田牧場，如今雖然容顏未改，但已經無力登臨了。村屋雖依舊破舊而七零八落，再也尋不到我住過的那三間茅屋了，我家南園瓦屋、碾台、寬濶的大門、整齊的石階，更是蕩然；北園的羊圈，高聳的楸樹、棗林，都已光禿一片，環視週遭，衷心黯然！

祖先的墳墓位於廬舍北郊，高曾祖始葬於此，後代子孫依序葬於左右腳下，吾攜子孫跪哭父母及祖宗靈前時，椎心泣血，難以自已，經諸弟及家人再三勸止，內心悲苦雖稍紓解，捫心自問，憾恨將永存心底，此生此世，無法磨滅！

# 4 太行峽谷之旅

## （一）天橋斷看濁漳

幼時跑到村外，擺在眼前的是遠在二十公里遙遠的一道巨壁—太行山，它像一堵高墻，一動不動的矗立在村子的正西面，日夜不動和我出生的村莊像是連在一起，永不分離。晨間，太陽從村東九嶺十八凹的山頭升起，畢直的光芒射向西山，一草一木，一凸一凹，巨細靡遺的呈現在眼前。南北兩端各有一座清晰的筆架山峰，巍然映入眼簾，整齊的山峰酷似一張巨大的書案，迎面擺設。晚間，夕陽銜山，萬道霞光反射在村庄四週，告訴村民們，在田裡忙錄了一整天，該休息了。

太行山伴我成長，伴我學習，它的變化，因天氣陰晴，顏色亦不相同，農家的順口溜「西山戴帽，漢們睡覺」，意指西山如為濃雲籠罩，則下田的男丁就因下雨可以休假了。在我童幼年時代，印象最深刻而又相看兩不厭的祇有太行山，可惜徒有遠觀，不能逼視是莫大遺憾！如今告老還鄉，面對西山，真想一親芳澤以償宿願，雖然我曾在黃華（太行景點之一）讀書，也不過一點點擁抱，難饜渴望。

實踐太行山峽谷之旅前，不能不了解林縣有一個舉世皆知的偉大工程「紅旗渠」。這個曾經改變林縣人民生活的紅旗渠，在二十世紀六〇年代，由林縣老百姓在太行山腰所開鑿，號稱人工天河的起點，即在鄰近漳河流往林縣西北角處，為通往涉縣（原屬河南省現已劃歸河北省）的要道，因無橋樑可通，行人涉水而過，往往失足墜入深澗喪命。

原來濁漳河水發源於山西省的平順縣，進入林縣後，河床突然變窄，河底斷跌，形成數十公尺高的絕壁，澎湃激流，墜入無底深潭，捲起數丈高的浪頭，將斷壁危崖下的河床，衝擊得淺淺深深，嶙峋參差，其聲猶如虎嘯豹吼，激流中央偏右處，更矗立著一插天巨石，狀如蘆荀，與河右岸陸地，以雙排鐵纜銜接，中鋪木板，懸起一座吊橋，雖另加一組鐵纜用作扶手，但人行其上搖搖晃晃，宛如九霄步雲。現為確保安全，已嚴禁遊客登臨，惟站立岸邊俯瞰潭水，不覺目眩神迷，恍如仙境。我偕家人前往觀光之時，已是深秋枯水季節，環顧週遭氣勢，仍令人有戰慄恐懼之感！極目漳水對岸，一大片乾涸河床，荒草茫茫，彷彿蒙古草原，想像盛夏洪水發威，氣勢若萬馬奔騰，滾滾東流入鄴，何其壯濶，又何其可怕，怪不得當年西門豹治鄴時，以消除漳河水患為其主要政策。

## （二）青年洞看天河咽喉

看完了天橋斷，沿著紅旗渠幹渠，走訪它的咽喉工程青年洞。青年洞位於任村鄉盧家拐的西南，是一段最艱鉅的工程，從堅硬的岩石上鑿通了全長十多公尺、長寬五公尺、高六公尺的流水隧道，據一九八八年出版的林縣誌記載，由於太行山石質是石英岩組成，硬度特強，施工十分困難，所以特徵調了三百二十名青年，專注青年洞的開鑿，因為山壁堅硬，進口的左邊是崖壁陡峭的深溝，右邊是形如刀削的紅色岩石，是道道地地的「赤壁」，純屬自然形成，堅如鋼鐵，靠人工開鑿難度特高，一錘打下去一個白點，半天打不成一個砲眼（供裝置炸藥使用），整個工程進度每天祇有零點三公尺，雖然借了機械及技術人員協助，但短短十八尺的「青年洞」，從開工到貫通，整整花了十七個月的時間，工程難度可以想見。

紅旗渠幹渠墻壁左側頂端較寬，可供遊客在行進中俯瞰流水悠悠，有一種恬靜舒適之感，魚貫前行，面對「赤壁」，近在咫尺。左側是綠色茫茫的農庄，田野緊密毗連，自然村庄高高下下，錯落有緻，大部分任村鄉的景色盡收眼底，此時清風徐來，水波潾潾，因青年洞是紅旗渠的重要景點，服務人員划著舴艋小船，歡迎遊客登船進入隧道划個來回，以體驗天河的壯麗，價錢並非昂貴，但我們以體力、年齡所限，不曾乘船穿洞，祇在下方小亭子中，坐品香茗，融入山色中，一面聆聽賣茶的小姑娘，娓娓述說著當地的風俗民情，如數家珍。靜坐沉思，忽然憶及蘇東坡在他的〈前赤壁賦〉中所興起的無限感慨：「惟江上之清風，與山間之明月，耳得之而為聲，目遇之而成色，取之不禁，用之不竭，是造物者之無盡藏也。」蘇先生是宋代鴻儒、文豪，他的感慨其實正觸動後代若干學子的共同心聲，而今吾雖一介草民，置身在如此宏偉壯麗的山光水色中，雖時在白晝，然而為巍巍山嶺擁抱，雖有異於蘇子面對碧波萬頃，憑虛御風，而感懷世事，胸臆滔滔難免會自然激起共鳴。

青年洞確係紅旗渠的咽喉，自此而下，右向是碩大的南谷洞水庫。左側稍下，是主幹渠的分水閘，亦為三大幹渠的起點。一幹渠南向，流至合澗、臨淇、茶店諸鄉鎮；二幹渠東南流，供橫水、河順等鄉鎮使用；三幹渠流向東北，供東崗鎮農田之灌溉。一條紅旗渠的開闢，澤及縣境每一角落，澈底解決了全縣縣民千百年的苦旱生活，但願濁漳河水，千年萬世永不枯竭，別再讓故鄉黎庶，靠天吃飯，常保幸福。

## （三）石板岩尋勝

遠觀山有色，近觀山色，更感新奇、親切。八十五年（一九九六）五月二十六日，承縣委辦公室主任董慶偉先生邀約，到太行峽公所在地名石板岩鄉作一次難得的深度之旅。

石板岩鄉位於縣城西北部，東與姚村鄉、北與任村鄉相鄰，但交通卻極不方便，惟林慮山與太行中山所峽峙，形成一道長約七十公里的峽谷，從前要到石板岩上走一趟親戚，要從羊腸小道，翻一座海拔一千六百公尺的山嶺，耗時一天。當地民謠形容得非常傳神：「石頭山、鬼門關，腰纏白雲峰插天，大風呼呼繞山轉，飛沙走石往下翻，猴子不敢上，禽鳥不敢沾，登山更比上天難。」可見道途之艱險，但現在不同了，因為在山壁上開鑿了一通隧道，拉近了石板岩與城關的距離。

當天早晨八時稍後，董主任夫婦及其一女一婿蒞臨舍間，除攜帶旅行途中點心及茶水外，並以厚禮見贈，謂移居新屋按照家鄉習俗，例須「暖房」，態度誠懇，不容堅拒，容當謝之。他們略坐片刻，即促我們啟程，蓋旅行車已在樓房下等候多時矣！

九時尚差五分即登車上路，沿途風光極美，西望行山，景色雄壯秀麗，沃野平疇，佈滿了將成熟的小麥，微風過處，麥浪翻騰，令人心曠神怡，穿過大魯班壑，已進入太行山裡層，回眸環視，此身已在青翠的山色環繞中，渺如一粟。

車過山麓，眼見農舍錯落，一棵棵板栗樹青蔥茂密，一排排，一行行，像佈陣的軍隊，整齊的排列在兩旁，使人聯想到隱居此間，何等愜意。車循山邊北駛，快抵石板岩鄉境時，柏油路面已盡，迎面來的是宛延曲折的石子路，路面雖堅實，總多少有些顛簸，約數分鐘，抵達太行隧道東口，下車小憩，仰視斷崖蒼茫，直立千仞，俯瞰農家田舍，千家萬戶。遙想當年，民眾相互往來，例須攀岩走壑，耗日費時，何其痛苦！如今有一座長僅一公里的隧道，貫穿鄉鎮與城關，拉近兩地距離，也拉緊了民眾相互感情，足徵交通發展、發揮了甚多積極作用。登車續行前，隔空遙望，林州城北的沃野，已沉入一片霧濛濛中。

太行隧道純係人工開鑿，兩壁與上券，佈滿未清除的尖石，表面有欠平滑，但車道寬暢，兩車對開絕無問題，車行其中須開燈避險，因隧道從東到西皆尚無照明設備，車燈不開易肇事端。據稱，此處乃太行山壁最薄處，選擇從此開挖成本最低，可見探勘人員用心良苦，專業修養與造詣亦深，弭足欽佩。穿越隧道西端出口，眼前豁然開朗，秀山一峰形若圓錐，矗立左側，秀麗崢嶸，一絕也。河谷當前，呈南北縱走之勢，公路盤旋而下，綿延不絕之崇山竣嶺，一一呈列在眼前，宛如陶淵明武陵桃花源文中所述勝景之重現。車尋小道，上上下下，狀如繩索在纏繞。抵達石板岩鄉所，接導遊王小姐上車繼續前行，道路已不明顯，時而是平緩的河灘，時而是嵌入山間的額岩，令人心驚膽顫！到達一瀑布處，路成九十度急轉，駛入桃花洞方向，路愈窄，山愈險，進行不到數公尺，後面忽有喊聲，原來是朝陽村長駕著一輛老舊吉普車趕來告知，往桃花洞的道路臨時發生狀況，今日無法修通，特趕來通知，否則車到險處將無迴旋餘地，並建議先看「冰冰背」。於是由村長指揮，倒車轉向，由其導引，循反方向前進。大約十分鐘，抵達一小平地，旁有一農庄，雖簡陋，但整潔。一中年婦女帶三小孩坐在光滑的石椅上，享受著暮春尚不強烈的陽光，怡然自得。我們站立在平地，徘徊瞻顧，導遊王小姐乘機介紹了「桃花洞」種種，她以慣有的導遊口吻，清晰簡要的陳述：「桃花洞位於石板岩鄉西北部太行山腰，海拔一千六百餘公尺，四週山巒起伏，懸崖百丈，荊棘叢生，西南山頂有一瀑布高掛，似銀河飛流直下墜入潭中，清澈若鏡，每年春天山花爛漫，百鳥爭鳴，夏天綠草如茵，山青水秀，秋天樹木蔥籠，紅柿似珠。惟有冬天最冷時，百花凋零，白雪皚皚，桃花洞山崖絕壁上，山桃花凌風怒放，一片燦爛，是為異數。」我們雖未親臨，但聞她生動描述，亦印象深刻。

我們站立的平地，面積雖小，但視野遼濶，此時大家原擬舍車步行，一窺「冰冰背」真實面貌，但村長先生對著我顛簸的右腿瞄了一眼，誠懇的建議：「明年再來如何？因為通往現場的車道，僅有一公里尚未修通，我負責續修，保證明年此時乘車可達。其實冰冰背勝景，遠觀勝過近睹，你看，擺在眼前的群峰插天，就是它的維護者。再走近一點，換一個角度觀察，群山環抱著孤峰矗立處有一股泉水，每當白雲被山，冰封山谷的寒冬季節，從怪石縫中溢出，溫熱適中，蒸氣繚繞，乃名符其實的溫泉。但當酷暑炎熱季節，這裡卻水寒冰冷，結冰面積廣達六百平方公尺，如踏進冰區，即感寒氣凌列，冰冷刺骨，古往今來，許多遊客驚歎不已。」村長的話剛歇，導遊王小姐接著指向另一奇鋒，位於眾人佇立處之右上方，即有名之轎頂山，遠觀恰似一花轎之頂，其上有懸棺，相傳若干年前有一南蠻子（北方人對南方人之不敬稱呼）富商，旅遊至此，因嫻熟風水知識，觀察此地，前朱雀、後玄武，左青龍、右白虎，為最佳福地。故死後懸棺於此，企望澤被後代子孫，福祿綿綿。

我們在此佇立良久，以不能登臨為憾！因在此處盤桓流連近一小時，為趕時間，大家登車陸續前進。由於路險崖高，下臨絕壑，大夥皆屏息無語，心中忐忑，不免捏一把冷汗。半小時，抵一山村「朝陽」，同行之董主任說，他在六十年代，因連年荒旱，人皆食樹皮草根維生，為達到「保人保畜」之目的，曾奉派來此「蹲點」，時長四年，每遇開會輒隔崖相呼以代替資訊，雖距離很近，可以相互呼叫對話，但循羊腸小道，步行到集合地點，須時兩三個小時。時代脈動，在山區跳動得似乎也慢半拍。

當日上午十一時，車抵王相岩，此行之目的地已達。不同的是，一般人觀光王相岩皆係向上攀登，由於個人行動不便，董先生特地安排乘車先抵頂峰，再緩緩拾級而下，可以省力，用心良苦。導遊王小姐說，此地海拔約一千八百公尺，已近山巔，自此俯視太行峽谷，可以奇、險、雄、秀四字形容之，所謂青山如畫者，在此可以具體驗證。左側有一巨大之魯班持斧塑像，栩栩如生，此地人迷信魯班為神斧手，各地橋樑，須賴魯班化身指點，方能修成，故皆崇敬為神靈。相傳林慮山頂有一勝景名「魯班壑」，即係當時魯班經過時，感於山高路陡，民眾翻山困難，掄起巨斧劈開大山，形成此壑。

我們在崖頂小憩，食用少許滷蛋、礦泉水，開始下山，座車此時由司機獨自駕駛，繞險道至下方相候，蓋人已不適合乘車而行也。

下山道為人工築砌之石階，陡而險，坡度幾成垂直，自下向上之觀光者，須使用雙手相互攀爬，才能移動腳步，可見石階險竣。自此稍下，左山壁嵌一小廟，為老君廟，相傳為河北道士趙德修隱居修練處。趙係河北肥縣人，卜居此處造廟宇樓閣，供道人修真養性，後人亦稱此地為老君岩。再往下約里許，即見石碑林立，伴一塑像，手持夯器，足帶腳鐐，是殷代王朝「傅說」的塑像，他當年輔佐武丁治理國家，曾為殷代建立了不朽的功業，他是被舉於版築之間的一位平民宰相，因得罪當道，所以戴罪立功，腳上還帶著鐐拷，後來隱居於此，老死山林。事實上在此隱居之高官，不祇傅說一人。下山途中，遇一岩穴，門窄僅可容一人鑽入，內部則一石床、石桌，相傳乃東漢時宰相夏馥，因遭黨錮之禍，隱姓埋名避居此處，後人為紀念夏馥等人，命名為「王相岩」。

王相岩上林木蔥郁，山水秀麗，其上九峰如碧笋瑤鑽，直插天空，筆架峰尤為奇絕，幼時在鄉下遙望，十分嚮往，今日親履觀賞，內心歡娛無可名狀！

岩西南寶泉，從峰頂深峽飛流奔瀉而下，懸掛千尺，匹練天成，迭落崖下，碎若珠簾，集萬珠而形成一池塘，清澈如鏡。遊人至此，皆仰觀瀑布，濯足清流，我們曾跨足池中巨石，攝影留念。佇立池旁，環視週遭，茂林佳樹，怪石嶙峋，突怒偃蹇，爭為異狀，可坐可倚，環列池畔，古人在仰天池邊一巨石上，刻有「仰止」二字，亦即提醒遊人，仰眉止步，觀賞此岩之奇勝，我們在此留連頗久，才依依而別，及至抵達谷底，已下午一時半矣。

河谷之濱，有一停車廣場，原與駕駛師傅約定在此等候，但遍尋不獲，大夥遂在樹蔭下休息，約半小時之久，仍不見車來，一行人開始著急，懷疑有無可能山路遇險，司機師傅雖係識途老馬，但路況極差，深懼因此為董先生惹來麻煩。嗣經步行至秀水山莊，接受呼先生（石板岩鄉主管同學呼仁修之令侄）盛宴款待時，司機先生才匆忙趕來，原來他將我們下山時間估計錯誤，故先在貫川太行峽谷之露水河濱洗車後再行趕回。大家如釋重負，亦為此次太行峽谷之旅一段趣話、小插曲。

（四）懷念秀水山莊

秀水山莊是石板岩鄉之公營機構，位於峽谷北端盡頭之高高台地上，面臨深澗、陡崖。下午五時不到，聳翠的山嶺已將陽光遮蔽得不見蹤影，山的陰暗面將山容襯托得更見秀麗、清晰，彷彿自家院落裡一道巨大的影壁墻，雖然令人有一些壓迫感，然而抬頭即可見山，幾可觸摸。與陶淵明所述「採菊東籬下，悠然見南山」的情景，截然不同。我們在此午餐，飯後在廣濶的院落裡散步、賞花、攝影，享受了一陣子山中恬靜，頗有遺世之感。

漫步崖邊，一條寬濶的公路，從山岩下穿過，大卡車通行時，似乎可與山腹相擦，這就是林州市與山西省長治縣相通的唯一公路，彎彎曲曲，迤邐而西，豫晉兩省交通，就此血脈不斷，林州市的農產可以藉此道輸往太原，山西的煤炭可以大量運往豫北之安陽、新鄉為工業所用，一條公路活絡了兩省經貿交通，改善民眾生活，這一小小樞紐發揮了最大效用。

院落東邊種植了各種花卉，尚有若干空地可以闢為菜圃，小小一塊高地平台，具備了小型農莊雛型，十分誘人，主管呼先生指著西邊的一排樓房，是為招待所，他介紹上下房間，皆寬暢整潔，建議我們在此停留一宿，以體驗山居之早晚不同情調，我們因無此一規劃，遂以婉辭，但內心甚為欣羡，有朝一日再來旅遊，必將以此為落腳點，充分享受山居樂趣。

# 《太行山下》出版後記

我所思兮在太行，欲往從之道徂長！

若干年前，尚在軍中服務時，鄉思難解，輒有如此感嘆。當時兩岸關係限制綦嚴，尺素難通，何云往還？開放後，多次探親，鬱鬱稍解，茲以八二高齡，回憶錄《太行山下》，由萱兒發啟，三個女兒襄助，行將出版。近期，賴有晚輩扶持，乃有重行登臨太行山之念。酷暑揚威，內心惴惴，但待返抵舊廬，映入眼簾者，則係老友楊湘媛女士隸書中幅，引述詩聖李太白詩句：

群峭碧摩天，逍遙不計年；
撥雲尋古道，倚樹聽流泉；
花暖青牛外，松高白鶴眠；
語來天色暮，獨自下寒煙。

讀了上面詩句，深感其意境深遠，正如我現在的心境，重行親近太行山的意念，急切湧現。於是輕裝布履，由林州旅遊局指派李芳小姐導遊，一家八口從太行大峽谷北端之絡絲潭（天橋斷）、青年洞、王相宕、桃花洞、冰冰背等作系列性之瀏覽。雖係舊地重遊，而觀感迥不相同，蓋以絡絲潭水奔騰澎湃，形成多處飛瀑，與枯水期之靜謐幽深，大異其趣，濁漳河水在此嘯鳴沖擊，迨越過石陣後，始悄悄東流。而青年洞深邃如昔，但從一線天夾道登臨山頂後，穿過兩山間新建鐵索懸橋，行走其上，黴悠晃晃，下臨絕壑，令人魂飛。橋盡處設有下山捷徑——天下第一滑，以塑膠為建材，舖設蜿蜒曲折之滑道，狀如兒童樂園之滑梯，膽大者可以順滑而下，五分鐘可抵山腳，是一奇觀。曾在此處遇一滑下之壯碩遊客，我讚其勇敢，他謙稱，山頂上遇一位七十五歲老太太，健步若飛，她才是一位真正勇者。我內心竊喜，因為她正是內子楊學珍女士。天將雨，我們乘車下山，結束第一天行程。

次晨，為彌補上次未達桃花洞之憾，一行再度登山，從桃花谷之「益伏村」一起始，足踏羊腸棧道，目視飛瀑流泉，空氣凜冽，宛若深秋。此谷乃太行峽谷之谷中谷，最狹處僅二十公尺，全長七公里。稍向前行，即為黃龍潭，瀑布從高崖垂下，蒼壁白練，相映成趣，流水相聚成潭，平若明鏡，其下五十公尺處有一塊巨石，名為「琴台石」，傳說姜子牙來此遊覽時，被山色流水淘醉，席地而坐，支起琴案，彈奏樂曲，樂而忘返，當你在此靜坐，似還能聆聽美妙的樂曲聲，余夫婦曾在此合影留念。

從此處起，即須靠人工棧道攀登，棧道陡而狹，家人皆一字排開，不能併行，初時尚覺輕鬆，愈高愈感暈眩，過飛龍峽後，棧道由吊橋連結轉到谷之東岸。迨升至Y字瀑與二龍戲珠瀑後，棧道嵌入山崖之額岩下，「小心碰頭」之警語，三五步即可一見，攀爬之驚險，令人悚然！更前行至「九連瀑」處，地勢稍見平緩，佇立瞻視，谷兩旁高山聳立，奇峰突兀，樹木郁郁蔥蔥，風景之壯麗非其他景點可比。「九連瀑」綿綿瓞瓞，一道道陳列眼前，在攀緣了約三小時後，抵一平地，飢渴難耐，野餐後，晨間約定之「麵包車」師傅前來接應，因桃花洞距此，尚有數公里之遠，小道盤旋還有好一段路程，始達洞口，仰而視之，高處壁間，懸一山洞，相傳當年兵敗遁此之高歡，即在此地安營紮寨。外孫女張為鈞攀爬陡破六七百級，察看洞內，空無一物，但洞外則漫山遍野布滿山桃花林，十冬臘月，山桃花含苞欲放。傳說高歡聽仙人指點，趁機拔營，然而前有眾高山圍困後有東魏重兵追趕，他最後命運便可想而知了。

桃花洞下來稍南，則為有名的「冰冰背」，也是冬暖夏涼的寶地。此一景點，高峰四週聳立，車仍難達山頂，前已述及。因氷窟在盛暑始能顯現，而此時高溫，僅約攝氏二十六七度，氷窟看不到冰塊，遂放棄登臨，轉而重遊「王相岩」。林州市與石板岩鄉全力發展旅遊事業，景區建設一新，除登山棧道外，以前簡陋之登山石階大幅改善，可惜午後山雨欲來，原擬重觀「仰止」瀑布，亦以天色欲暮，僅在王相岩石碑前留影紀念。

太行峽谷景觀處處，天平山、小西天、黃華谷等，余亦次第登臨，尤其是天平山，以其峰勢峻極，「上平於天」，有天平北雄、太行之脊之美譽。北宋時名相韓琦經營驛道以通晉豫，山瀑流泉，神秘莫測，為歷代仙釋之徒、聖人雅士遊賞栖息，帝王叛臣屯兵留寨之地。我們在天平山觀景台小憩，真有「撥雲尋古道，倚樹聽流泉」之感受。自此遙望小西天，晉豫雄關十八盤天險，為歷代兵家戰略要沖，二千五百年前，晉將趙勝擊敗齊兵於此，其後石勒、高歡、趙匡胤、李自成皆曾屯兵於此。近代平民領袖（天門會頭頭）韓欲民亦曾屯兵北峰之四方嶗，抗戰時新五軍師長劉月亭在此兵敗被俘，所以天平山實具有深厚之歷史文化背景。至於黃華谷，我在對日抗戰時，在此讀書，假日旅遊景點——掛鏡台，經過半世紀大自然之風化、沖刷、折騰日光直射如明鏡之巨石已碎蝕，惟其西峰之水簾洞瀑布噴泉，仍然懸掛在高空，可惜當時水勢不如「半山飛雪舞天風」之雄姿，已成涓涓細流矣。

此次遊罷太行山大峽谷回來，深覺已載入回憶錄中太行之旅一節，過分粗略，乃以近日所見所感，予以補述，冀能對故鄉山水，多所推介。有關拙作之膚淺，親校之欠確切，錯漏之處，在所難免，希方家不吝指教。

▶作者夫婦於桃花谷頂端九連瀑布前留影。

◀作者夫婦於桃花谷黃龍潭琴台石邊合影。

▶王相岩前家人同遊合影。

◀黃華谷中天門前作者夫婦與長子合影。

▲熱門景點紅旗渠青年洞。

▼郭老太太於太行山黃華谷之景點掛鏡台前留影。

▼作者於黃華谷水簾洞前留影。

▶作者於絡絲潭前留影。

◀作者於桃花谷中二龍戲珠瀑布前留影。

▶桃花谷中之二龍戲珠瀑布。

▲黃華谷之中天門（圖中人為作者外孫女）。

◀背景為桃花谷頂之桃花洞，內有桃花仙女像（圖中人為作者大女兒）。

▶桃花谷中可連接棧道橋。

▲絡絲潭濁漳河源自山西省入林州處。

▼作者夫婦結婚五十七週年與在台三位女兒全家合影。

國家圖書館出版品預行編目

太行山下/郭竫寰著. -- 一版
臺北市：秀威資訊科技,2004[民 93]
面； 公分. -- 參考書目：面
ISBN 978-986-7614-48-3(平裝)
1.郭靖寰-傳記

782.886 93015781

史地傳記類 PC0002

# 太行山下

作　　者 / 郭靖寰
發 行 人 / 宋政坤
執行編輯 / 李坤城
圖文排版 / 張慧雯
封面設計 / 莊芯媚
數位轉譯 / 徐真玉　沈裕閔
圖書銷售 / 林怡君
網路服務 / 徐國晉
出版印製 / 秀威資訊科技股份有限公司
台北市內湖區瑞光路 583 巷 25 號 1 樓
電話：02-2657-9211　　傳真：02-2657-9106
E-mail：service@showwe.com.tw
經 銷 商 / 紅螞蟻圖書有限公司
台北市內湖區舊宗路二段 121 巷 28、32 號 4 樓
電話：02-2795-3656　　傳真：02-2795-4100
http://www.e-redant.com

2006 年 7 月 BOD 再刷
定價：350 元

# 讀　者　回　函　卡

感謝您購買本書，為提升服務品質，煩請填寫以下問卷，收到您的寶貴意見後，我們會仔細收藏記錄並回贈紀念品，謝謝！

1.您購買的書名：______________________________

2.您從何得知本書的消息？

□網路書店　□部落格　□資料庫搜尋　□書訊　□電子報　□書店

□平面媒體　□ 朋友推薦　□網站推薦　□其他__________

3.您對本書的評價：(請填代號　1.非常滿意 2.滿意 3.尚可 4.再改進)

封面設計____　版面編排____　內容____　文/譯筆____　價格____

4.讀完書後您覺得：

□很有收獲　□有收獲　□收獲不多　□沒收獲

5.您會推薦本書給朋友嗎？

□會　□不會，為什麼？______________________________

6.其他寶貴的意見：______________________________

______________________________

______________________________

______________________________

## 讀者基本資料

姓名：____________________　年齡：______　性別：□女 □男

聯絡電話：________________　E-mail：____________________

地址：__________________________________________________

學歷：□高中(含)以下　□高中　□專科學校　□大學

□研究所(含)以上　□其他_______________

職業：□製造業 □金融業 □資訊業 □軍警 □傳播業 □自由業

□服務業 □公務員 □教職　□學生 □其他__________

請貼
郵票

To：114

台北市內湖區瑞光路 583 巷 25 號 1 樓

秀威資訊科技股份有限公司　　　收

寄件人姓名：

寄件人地址：□□□

(請沿線對摺寄回,謝謝!)